मोक्षधरा

[कविताएँ]

मोक्षधरा

सुधीर रंजन सिंह

राजकमल प्रकाशन
नयी दिल्ली पटना इलाहाबाद कोलकाता

ISBN : 978-81-267-2688-2

मूल्य : ₹ 300

पहला संस्करण : 2014

प्रकाशक : राजकमल प्रकाशन प्रा. लि.
1-बी, नेताजी सुभाष मार्ग, दरियागंज
नई दिल्ली-110 002

शाखाएँ : अशोक राजपथ, साइंस कॉलेज के सामने, पटना-800 006
पहली मंजिल, दरबारी बिल्डिंग, महात्मा गांधी मार्ग, इलाहाबाद-211 001
36 ए, शेक्सपियर सरणी, कोलकाता-700 017

वेबसाइट : www.rajkamalprakashan.com
ई-मेल : info@rajkamalprakashan.com

मुद्रक : बी.के. ऑफसेट
नवीन शाहदरा, दिल्ली-110 032

MOKSHADHARA
Poems by Sudhir Ranjan Singh

प्रेमनारायण त्यागी, विनय दुबे और
कमला प्रसाद की स्मृति में

प्रिय पाठकों के लिए

...गूँगे की सैन को गूँगा ही पहिचान
कबीर

अनुक्रम

क्रौंच-वध देखने जितना दुख

कविताओ! तुम्हें लिखने का अर्थ
लिखना था आकाश में चिड़ियों का झुंड
और उनके लिए लिखना था पृथ्वी पर
हरी पत्तियाँ फूल और असंख्य बीज
दृश्य में जो कुछ दबा-कुचला था
सबके लिए थोड़ा-थोड़ा विद्रोह लिखना था
मगर तुम्हें लिखने की इस ज़रूरत से बाहर
इस गोलमोल दुनिया में
बताना मुश्किल हो रहा था
पूरी चिड़िया का अर्थ
डैनों और उड़ान का अर्थ तो पता था
लेकिन नहीं था घोंसलों की गरमाहट का अन्दाज़
किस चिड़िया में सूर्योदय दुबका होता है
कौन-सी चिड़िया आँखों के समुद्र को विस्तार देती है
और किसका आकार हमारी आत्मा की तरह होता है
यह बात विस्मृति में चली गई थी
मैं जिस जगह पर बैठकर
आकाश में चिड़ियों का कसीदा काढ़ रहा था
उसे हड़पने के लिए
मेरे बेटे के कॅरियर का हवाला दिया जा रहा था
मैं जिन शब्दों को छील-छाल कर
उनमें चिड़िया की जान डाल रहा था
सेलुलर फ़ोन का विज्ञापन उन्हें झपट ले रहा था

मेरे मन में जो सबसे सुन्दर चिड़िया बैठी थी
मुझे अपना पिंजड़ा मानकर
बहेलिए ने उस पर दया की थी

कविताओ! है न
क्रौंच-वध देखने जितना दुख!

अकेले में हँसना

सबके सामने रोना
करुणा की एक सामान्य समझ पर आधारित होता है
और रोना अकेले में करता विवश है
हँसने के लिए

रोने का विकल्प है
अकेले में हँसना

मरा जिसका जवान बेटा
हँसने लगा अकेले में रोते-रोते
याद करके-
दौड़ प्रतियोगिता के अन्तिम राउंड में
बेचारा कैसे पैदल चलने लगा था

रोने से पहले और रोने के बाद
अकेले में ऐसे ही हँसा जाता है।

चील

1

आकाश में चक्कर लगाते हुए वह दिखाई पड़ी
परिधि इतनी बड़ी थी उसके चक्कर लगाने की
जैसे वह समूचे आकाश को किसी अदृश्य धागे से
बाँध रही हो...

यह एक बढ़िया छंद था
जो मेरी आँखों के आगे रचा जा रहा था

आपने देखा होगा कभी
वह कैसे टपका देती है अपने बच्चों को हवा में
और खूब नीचे तक झपट्टा मारकर
उन्हें बैठा लेती है अपनी पीठ पर

दीख रही थी वह
जैसे कोई तेज धावक दौड़ रहा था मैदान में
कि एक फुर्तीला गोताखोर
अथाह समुद्र में बाजीगरी दिखा रहा था

भूगोल के ऊपर दिखाई पड़ रहा था
एक और भूगोल

उसकी अथक यात्रा का

भूगोल था आकाश
और पृथ्वी मंजिल थी
उसकी उड़ान की

पृथ्वी उसकी निगाह के निशाने पर थी...

साँप चूहे मेढक
न जाने कैसे-कैसे जन्तु
उसकी निगाह के निशाने पर थे

झुककर झपट्टा मारने की उसकी आदत से
जहाँ कुछ जानें जा रही थीं
वहीं हमारी भाषा को चील-झपट्टा जैसा
एक ताक़तवर मुहावरा मिल रहा था
जिससे बखूबी समझा जा सकता था
हमारे समय की अराजकता को।

2

बिजली के पंखों जैसे उसके डैने
बीते हुए दिनों में भी
फड़फड़ाहट पैदा कर रहे थे

उसके डैने बड़े शानदार थे
मैंने अक्सर प्रेम-प्रसंगों में
इस्तेमाल किया है उन्हें

कोई अगर चाहे
मेरे बिस्तर को झाड़कर
देखे उन टूटे हुए परों को
जिनमें मेरा आकाश हुआ करता था

मैं नहीं पा सका
उसकी चालाक निगाह
वरना क्या था
बेहिचक कर देता एक
पृथ्वी आकाश

उसकी चोंच
जिसके आघात से
काँपती है मुर्दा देह भी
उसे पाने के लिए
मैं हमेशा दुबारा जनम लेने को
तैयार रहता था।

3

वह चक्कर लगा रही थी
मानो यह चुम्बक पैदा करने की कोई क्रिया थी
जिससे आकाश एकदम-से झुक आया था
पृथ्वी की तरफ...

वह पृथ्वी की संतान थी
और कब्जा था उसका
आकाश पर

सूरज था
आकाश के बीचोबीच
और वह चक्कर लगा रही थी

पृथ्वी से ऊपर
वह पृथ्वी का दृष्टान्त थी।

समय लेता है आकार

मेरे भीतर से गुज़रते हुए
लेता है समय
आकार

समय गढ़ता है
दिक् का रूप
और रूप का परिवर्तन होता है
कुछ इस तरह
जैसे मैं ही सब का कर्ता हूँ

जिधर रखता हूँ मैं पाँव
आगे उधर फैल जाता है
वन्य प्रांत...

घास मैदान में बदल जाती है
पेड़ छाया में बदल जाते हैं
और फूल झड़कर
फलों को देते हैं आकार

मेरी इच्छा के मुताबिक
तुम्हारे होंठ आकार लेते हैं
पत्थर पर बैठकर इन्तज़ार में

मैं आकार लेता हूँ
तुम्हारी इच्छा के मुताबिक

समय मेरे भीतर से गुज़रकर
तुममें प्रवेश करता है...

घुसकर तुम्हारे भीतर
समय तुम्हें खटखटाता है
मेरी इच्छा के बटखरे से तुम्हें तौलता है
एक मँजे हुए जौहरी की तरह

समय एक पगडंडी का आकार लेता है
और पगडंडी जाकर रुक जाती है
एक घर के आकार पर

खोलता हूँ मैं
उस घर की सारी खिड़कियाँ
और दरवाज़े

समय
हवा के झंकोरे की तरह
निकलकर मुझसे
सामने मैदान में भेड़-बकरियों के झुंड का
आकार लेता है

समय उस चरवाहे का आकार लेता है
जो मैं किसी जनम में रहा होऊँगा

यह सब
ऐसे समय में हो रहा है

जब समय से जूझने में
निकलते देखा गया है
समय को।

नींद एक जगह है

नींद एक जगह है...

जैसे मवेशियों के लिए चारागाह एक जगह है
जैसे पानी के लिए प्यास एक जगह है
जैसे बहती हुई नदी के ऊपर
पुल एक जगह है
जैसे फैले हुए पंख चिड़िया के
अंतरिक्ष में एक जगह हैं

इस पृथ्वी पर नदियाँ और सागर हैं
मन को मोह लेने वाले बर्फ़ के पहाड़ हैं
लेकिन पृथ्वी का सबसे सुन्दर टुकड़ा
और कुछ नहीं, नींद है

प्लेटफार्म पर दौड़ते हुए लोगों से बचकर
बूटों की चोटें सहती देह के भीतर
सीने में दबी और बाईं बाँह पर टिकी हुई
नींद आकाशगंगा की तरह दिखाई देती है

जब मर जाता है अन्न में स्वाद
और खत्म हो जाता है सुन्दरता पर विश्वास
यही जगह है जहाँ भात नमक के साथ खाया जा सकता है
बिरियानी की तरह

और किसी सड़े-गले चकले में घुसकर
अपूर्व स्त्री को चूमा जा सकता है

यहाँ भीख के कौर से संतुष्ट होकर
थोड़ी देर के लिए राजा हुआ जा सकता है
कि पलक झपकते काट लिया जा सकता है
किसी चक्रवर्ती सम्राट का सिर

इसलिए देखने में आया है
कि कोई क्रूर तंत्र
किसी को मारने से अधिक
उसकी नींद छीनने में यक़ीन करे।

बसों में रोज़ का अप-डाउन

बसों में रोज़ाना अप-डाउन करने वाले लोग
मुसाफिर की परिभाषा के अन्तर्गत नहीं आते
उनका बस्ता-बैग देखकर समझ जाता है स्टैंड कंडक्टर
यह अपनी तय बस में ही घुसेगा
जैसे लोग अपने-अपने मकानों में घुसते हैं

कई लोग दौड़ते हुए आते हैं बस पड़ाव
और रुक जाती है उनके लिए चल पड़ी बस
भरी बस में भी मिलती है उन्हें अपनी पसन्द की सीट
तय रहती है उनके लिए छाता और टिफिन बॉक्स रखने की जगह
बस के ड्राइवर कंडक्टर क्लीनर और
पहले से बैठे रोज़ाना वाले लोग
उसी मुद्रा में करते हैं उनका स्वागत
उनके घर लौटने पर जैसे पत्नी और बच्चे करते हैं
किसी छोटे ट्रांसपोर्ट का मालिक तो उनसे खड़ा होकर हाथ मिलाता है

मुझे याद है
बस के क्लीनर ने एक अप-डाउनर महिला के लिए
किसी देहाती को यह कहते हुए हाथ पकड़कर उठा दिया था-
चल! ये सेठ के घर की हैं
एक पल में जाति धर्म और घर
सब बदल चुके
उन बेचारी महिला के

लेकिन उन्हें करना क्या था
भरी बस में मिल रही थी सीट

मैं थोड़ा दुखी हुआ था क्लीनर की बात से
वर्गीय सोच लगभग ग़ायब है
हमारे इस समाज में

रोज़ अप-डाउन करने वाले लोगों से
भाड़े के पैसे कुछ इस तरह लेता है कंडक्टर
नोटों को बिना गिने और दूसरों से थोड़ा कम
जैसे वह अभी जाकर लाने वाला हो
उन्हीं के लिए पान सिगरेट

बगल में बैठी सवारी अप-डाउन करने वाली
उन्हें लेकर इतनी आश्वस्त रहती है
लगती है जब उसे झपकी
उनके कंधे का सहारा उसे पराया नहीं लगता

कोई औचक जागकर बताने लगता है
रात कैसे वह पूरी तरह सो नहीं पाया
बच्चे को बुखार था
कि खाने-पीने के बाद
घर में हो गया था हंगामा

रोज़ अप-डाउन करने वाले लोग
पैसे सिर्फ़ चलने का थोड़े ही देते हैं
टिकट पर लिखा होता है उनकी नींद का भी हिसाब
जागते हुए चुपचाप वे कर ही नहीं सकते सफ़र
कोई घरेलू कि विभागीय विषय जब नहीं बचता
तो बताने लगता है उनमें से कोई

यह बस जाने वाली है किस ट्रांसपोर्ट कम्पनी के हवाले
और इस बार किसे मिलने वाला है सड़क का ठेका

रोज़ अप-डाउन करने वाले लोग
पालिटिक्स की बात तो ऐसे करते हैं
जैसे बस में नहीं पार्लियामेंट में बैठे हों

शर्मा जी ने अर्थशास्त्री की मुद्रा में एक दिन कहा
हमारी ही रोज़ की यात्राओं के चलते
बढ़ता है डीज़ल का भाव
खान साहब रतनजोत को खेती की देते हैं सलाह

सोनी जी सब की बातों में
ऐब निकालने की खोजते रहते हैं युक्ति
जैसे कोई कहे कि मेरे पास एक कुत्ता है
पानी पर भी वह चलता है
सोनी जी इस पर जरूर कहेंगे
यही तो हुई उसकी सबसे बड़ी खराबी
वह डूबता नहीं है

रेखा वर्मा चीखती इतनी ज़ोर से हैं
जैसे उन्होंने पूरी बस पर कब्जा कर लिया हो
अगर आपको अन्दाज़ न हो उनकी ताक़त का
तो ज़रा चलती गाड़ी में बीड़ी पीकर दिखाइए

रोज़ाना अप-डाउन करना एक कठिन जीवन का हिस्सा है
इसका अहसास सभी को हर दूसरी सुबह होता है
जो जाकर कम कि खत्म हो जाता है
अपनी अपनी बस की सीट पर बैठकर।

शहर में पानी की कमी थी

शहर में पानी की कमी थी

जिस सरोवर के कारण शहर का चेहरा दमकता था
वह फूटी हुई आँख की तरह लग रहा था
लोग यहाँ के उसकी किरकिरी का अनुभव करते हुए
कीच सने पपोट की तरह हो गए थे

शहर इतना उजाड़ लग रहा था
जैसे कुछ देर पहले हुआ हो इस पर हमला
कुछ इलाकों में मची हुई थी अफरातफरी
एक आदमी दो हार्स पावर का मोटर ही
सर पर लादे भाग रहा था

नल से पानी की जगह हवा निकल रही थी
जैसे शहर के प्राण निकल रहे हों

ढो रहे थे कुछ लोग बहँगी से पानी
छलकता था बाल्टी से थोड़ा जल
देखने वाले की आत्मा छलककर बाहर आती थी

कुछ लोग पानी तलाश रहे थे
सूनी बावड़ियों में
देख रहे थे कुछ लोग पानी को

मुँह बाकर ग्रह नक्षत्रों को देखने की तरह
सत्तर किलोमीटर दूर बहती नदी में

पानी उतर नहीं रहा था आकाश से
पानी निकल नहीं रहा था धरती से
पानी सिर्फ़ बज रहा था लोगों के हाहाकार में
पानी सिर्फ़ बह रहा था सरकारी घोषणाओं में

पुण्य का काम नहीं रह गया था पानी पिलाना
बढ़ रही थी आँखों में बेहयाई
और खून हो रहा था अपने-आप पानी

सड़कें लग रही थीं इतनी भयावह
जैसे टाँगें फैलाए घायल शहर
चित पड़ा था

डर था भयानक
इस बार के आषाढ़ माह में
कहीं शहर के सारे लोग
चल न दें यह कहते हुए-
चलो भाई चलो!
यह शहर भरोसे की जगह नहीं रहा।

हावड़ा पुल से गुज़रते हुए

उस पर से गुज़रना
समझ से ज़रा बाहर था
नदी के ऊपर से कि समुद्र के ऊपर से
गुज़रना था

मिट्टी बह रही थी
हुगली के धूसर पानी में
इस अनुभव के सहारे कहा जा सकता था
उस पर से गुज़रना
ज़मीन पर ही चलना था

समझा जाता है जैसे ज़मीनी चीज़ों को
उस पर से पैदल गुज़रते हुए
समझा जा सकता था पानी को ज़मीन
नावों की कतारों को छोटी-सी बस्ती
और हुंकारते हुए जहाजों को
बड़े मज़े में समझा जा सकता था
किसी प्रागैतिहासिक विशाल जन्तु के रूप में

मगर भनभना कर उस पर से गुजरती मोटर गाड़ियों का
मतलब नहीं था कुछ ख़ास
बस थोड़ा लोहा बढ़ गया था
जैसे बढ़ जाती है चर्बी देह में

उस पर से पैदल गुज़रते हुए
जाना जा सकता था
सरकारी नामकरण से यह
रवीन्द्र सेतु है
कि उसके खंभों पर
नागरी के लिहाज़ से ज़रा अशुद्ध वर्तनी में
महाकवि का नाम चस्पाँ था

उस पर से पैदल गुज़रने वाले
अधिकतर लोगों को
क्या पता होगा–
कौन रबिन्दर!

उस पर से पैदल गुज़रना
रवीन्द्रनाथ ठाकुर को नहीं जानने के इतिहास से गुजरना था

आखिर इतिहास उन लोगों का भी था
आते थे जो यू.पी. बिहार और इसी बंगाल से
रोज़ी के वास्ते
और उस पर से गुज़रते थे लगभग दौड़ते हुए
कि वे ही आखिरी लोग होंगे
जो उस पर से गुजरेंगे

भारी उमस थी
और बेहिसाब लोग
बहँगी ढोने के अन्दाज़ में चले जा रहे थे

धरती उनके चलने से
रच-रच कर रही थी

गुज़र रहे थे उस पर से लोग
नसों में ख़ून दौड़ने की तरह
या समझिए इस वक्त जैसे
काग़ज़ पर मेरी कलम दौड़ रही है।

रेल का टाइम टेबल

रेल का टाइम टेबल पढ़ते हुए
एक प्रकार की यात्रा की जा सकती है

टेबल का नंबर उनतीस उलटने के बाद
मैं पहुँच गया मुज़फ़्फ़रपुर तीस साल पहले
देश में जब इमरजेंसी लगी थी

इमरजेंसी में टाइम टेबल
टाइम टेबल था
अब वह बात कहाँ

मीसा–डी.आई.आर. में जेल जाने के डर से
मैं भागा था मुज़फ़्फ़रपुर

मेरे लिए मुज़फ़्फ़रपुर
लंगट सिंह कॉलेज का नाम था
उसके एक छात्रावास में वृजनंदन बाबू के कमरे में ठहरना
वहाँ का मेरा गोपनीय पता था
अपनी शामों को पान ठेलों और
सिनेमा हॉलों के हवाले करना
बस यही वहाँ मेरा काम था

रात सोते वक़्त

संतोष शर्मा नाम का भावुक लड़का
अपनी प्रेमिका की चर्चा ज़रूर करता था
ठान रखी थी उसने
इमरजेंसी ख़त्म होते
भगा ले जाएगा वह अपनी पन्ना को

पन्ना जैसी लड़कियाँ अब शायद ही बची हों दुनिया में
पैदा होता हो जिनके लिए संतोष शर्मा
नहीं आया था अभी ज़माना
लड़कियाँ थोक में आईं-गईं वाला
नहीं थी प्रेम की दुनिया में कोई शताब्दी एक्सप्रेस

कम ही दिन रहा मैं मुज़फ़्फ़रपुर
मगर वह सुखद था
रेल की खिड़की की बगल में बैठकर
बाहर झाँकने जैसा

रेल की खिड़कियों से
झाँक सकते हैं हम जितनी दुनिया
टाइम टेबल पढ़ते हुए रेल का
उतनी ज़रूर दिखाई पड़ती है

तय करना लगभग मुश्किल होता है
कहाँ है मेरा घर
अपना देश पहाड़ों पर बसा है
कि नदियों के किनारे

वैराग्य में जाने के लिए
रेल से बेहतर दूसरा कोई साधन नहीं

कहानी तो यह है
मीसा और डी.आई.आर. से डरकर
इमरजेंसी में मैंने इलाहाबाद का रास्ता पकड़ा था
तय किया था कि त्रिवेणी पर
साधुओं और तांत्रिकों से
क्रान्ति की बात करूँगा
पानी की गहराइयों में झाँककर
सिद्ध इतिहासपुरुष हो जाऊँगा
राजनीतिक संगम और त्रिवेणियों में
नावों की तरह घाट पार करूँगा
लेकिन मैं तंग आ गया था कुछ ही दिनों में
प्लेटफार्म और मुसाफ़िरख़ानों में अपने को बिछाकर

टेबल नंबर बाईस के मुताबिक
वाया गोरखपुर
मुझे मुज़फ़्फ़रपुर जाना पड़ा

मुज़फ़्फ़रपुर मेरा नहीं हो सका
बाद में कलकत्ता भी
मेरा नहीं हो सका

टेबल नंबर एक पर
यह दर्ज़ किया जाना चाहिए
हावड़ा वाली ट्रेन
वापसी में जब पटरी पर कट्-कट् की आवाज़ करती थी
चूता था बूँद-बूँद स्त्री-स्वप्न का रक्त

बाद में जब दादा लोगों की चिट्ठी आने लगी
तुम कोलकाता क्यों नहीं आता
मैं सोचता था

जाऊँगा कहाँ कलकत्ता जाकर
सोनागाछी!

फिलहाल लिखा जाना चाहिए इस बात को
रेल के इस टाइम टेबल पर–
नहीं होतीं यदि रेलगाड़ियाँ
दुनिया में चौथाई से भी कम होते
प्रेम के किस्से

पकड़ाओ किसी के हाथ में
रेल का टाइम टेबल
और कहो उससे
खोल कर बताए वह उस जगह का नाम
और उन मुलाक़ातों के बारे में
आहें भरता है जिन्हें लेकर वह...

क्या ज़माना था वह भी
यादें जिनके पास नहीं थीं
क्या मचल लेते थे वे भी
पाक़ीजा फ़िल्म के उस डायलॉग पर
राजकुमार ने जिसे कहा था
मीनाकुमारी के लिए–
इत्तेफ़ाक़न आपके कम्पार्टमेंट में चला आया था
आपके पाँव देखे
बहुत हसीन हैं
इन्हें ज़मीन पर मत उतारिएगा
मैले हो जाएँगे...

इस बात के लिए भी भरनी है हमें आह
गंगा में स्टीमर का सफ़र

नहीं कर सकते अब रेल के टिकट से
पटना महेन्द्रू घाट के लिए

अब कौन सोचता है
गंगा रेल से पहले की रेल थी
और रेल के ज़माने में भी
थोड़ा-थोड़ा रेल थी

पुल पर दौड़ती रेलगाड़ी से
स्वर्गारोहण का ध्यान करके
अब कम ही लोग फेंकते हैं
गंगा में पैसे

कोई आज अयोध्या पहुँच रहा है
कोई कर रहा है सोमनाथ की बात
फोड़ रहा है कोई रेलगाड़ियों में बम...

सबकी मार टाइम टेबल पर पड़ रही है

जितने आन्दोलन हैं
और धरना-प्रदर्शन
है जितनी भी खींचतान
कि दिल्ली पहुँचने की कोशिशें

खींचती है सबको रेल
होता है टाइम टेबल फेल

समय नहीं रुकता
लेकिन समय चलता भी तो नहीं रेल की तरह
खटाखट खटाखट!

न जहाज से न राकेट से–
और हम अपढ़ लोग कहाँ समझते थे
कल्पना चावला के मरने से पहले
स्पेस शटल होता है क्या
–यह तो रेल है
रेल है हम ग़रीबों की
आधुनिक हैं इससे हम

यह तो रेल है
और उसका यह टाइम टेबल
देखा होता यदि इसे तुलसी ने
नहीं कहते वे कभी–
कहाँ जाई का करी

देखा सपने में मैंने ज़रा विचित्र ही
रेल के इस टाइम टेबल के बदले में
गोसाईं जी मुझे अपना पूरा मानस सौंप रहे थे
अड़ गए बीच में वर्तमान रेल मंत्री
वरना मानस मेरे नाम होता।

दाँत

शरीर के अंगों में दाँत कुछ ज़्यादा ही विलक्षण हैं
आते हैं ये जनमने के कुछ महीने बाद
दरद देते हुए रुक-रुककर
और बारी-बारी से टूटकर दुबारा निकलते हैं
इस भौतिक तथ्य से ऊपर दाँतों तले उँगली दबा लेनी पड़ी
गिनती करके इन पर सत्तर से अधिक मुहावरे-
क्रोध और कायरता के भय और घृणा के
और सबसे अधिक आदमी पर व्यंग्य की मार के

सीधी भाषा में बात करें तो
दाँतों का असल में पहला गहरा रिश्ता
श्रम और सुन्दरता से बनता है
कि ये बनाए ही गए हैं कूटने-पीसने के लिए
या फिर सौन्दर्य का प्रतिमान बनकर
हँसी बिखेरने के लिए

यह अन्याय है क़ुदरत और सभ्यता का
कि सब तरफ से दाँतों पर मार पड़ती है
क्या नहीं चबाना पड़ता इन्हें
लालची और चटोर जीभ के लिए
मौके-बेमौके की खुशी और मायूसी में
अपने को निपोरना पड़ता है

सहनशीलता में तो जवाब नहीं इनका
कोई देता है तोड़ देने की धमकी
तब भी इनकी चमक बनी रहती है

खाए-अघाए लोगों के दाँत
ज़रूर थोड़े मैले होते हैं
उठाना पड़ता है जिन्हें दाँतों से एक-एक दाना
हमें पसन्द है उन्हीं की दाँतकाटी रोटी

हालाँकि दाँतों की तरफ से बोलने में
कोई कम जोखिम नहीं है

दाढ़, काटने वाले दाँत, स्वर्ण दंत
एक-एक करके जब छोड़ जाते हैं साथ
दाँत पीसने की घड़ियों को याद करते हुए
पोपले मुँह को आता है समझ में
बर्बरता के पक्ष में हुआ है
इनका कितना इस्तेमाल!

अदालतें

यह तीसरा दिन है
एक निचली अदालत का चक्कर लगाते हुए

पीछे के दो दिन
अब बहुत पुरानी बात है
राज्य के उदय और कानून के जन्म के दिनों में
वे समा गए हैं

राजा नहीं बचा
कानून और इंसाफ की शहजोरी से
राज चल रहा है

कुंभ जैसी भीड़ में मंत्रोच्चार जैसी उठ रही ध्वनि है
मगर एक-एक करके चेहरों को पढ़ता हूँ तो
एकान्त और सन्नाटा है
आतंकी घटना के बाद
जैसे किसी शोकसभा में शामिल हो गया हूँ

यही देखने की
शायद मेरे लिए सज़ा मुकर्रर की गई है

बख्तरबंद गाड़ी से पेशी के वास्ते
उतारे जा रहे क़ैदियों की आँखों में

अनिद्रा और थकान है
गरदनें उनकी झुकी हुई हैं
रीढ़ की हड्डी जैसे तोड़ दी गई हो

पता नहीं क्यों ठेल-ठाल कर देता है
एक काला-सा क़ैदी
पुलिस वाला लगाता है घुड़की
काला लाल-पीला होने लगता है

नहीं सहने की आदत
उसका असली अपराध है

एक नवजात शिशु
बमुश्किल तीन दिनों का
फ़र्श पर लिटाया हुआ है
माता का औरत होने और मातृत्व से बड़ा
पता नहीं क्या अपराध है

बहरहाल तय है
बड़ा होकर यह बच्चा ज़रूर बोलेगा-
जनम से सहने की आदत है

सहने की आदत कोई निरापद वस्तु नहीं है
चोरी करो और सहो लात-घूँसे
जेल की सज़ा काटकर लौटो
और डाके डालो

तेज़ धूप और ठंडे पानी को सहने से
मैं डरता हूँ
मेरे चेहरे पर कोई आँखें टिकाए

इतनी-सी बात भी मुझे परेशान कर देती है

मैंने यहाँ चक्कर लगाने की हिम्मत जुटाई है
इसमें रामपाल सिंह कुशवाह ने साथ दिया है

कौन वकील मुंशी कि अर्दली
इस नए जज को छोड़कर
कौन होगा जो रामपाल को नहीं जानता

इतना बड़ा समाज है
और इसकी हज़ारों हैं कानूनी-ग़ैरकानूनी ज़रूरतें
रामपाल ने अपने को इस समझ पर कायम किया है-
सुख-दुःख में आदमी आता है दूसरों के काम
सामाजिक होने के लिए कोर्ट-कचहरी करना बेहद ज़रूरी है

रामपाल के मैं पीछे-पीछे हूँ
भीड़ छोड़ती जाती है सँकरी-सी जगह
जैसे अदालत के नक्शे में
गलियारे के तौर पर यही तय किया गया था

इतनी बेतरतीब जगह से
बिना रगड़-घस्स के निकल जाना
मानने के लिए मजबूर करता है-
अदालतें रामपाल सिंह कुशवाह का चक्कर लगा रही हैं

कई खामियाँ हैं रामपाल में
आवारगी कभी-कभी जीवन में मुश्किल पैदा कर देती है
लेकिन एक दुस्साहस है
जो उन्हें मुझ जैसे लोगों से आगे कर देता है

रामपाल के पीछे-पीछे होना
मेरे लिए बुलैटप्रूफ शीशे के पीछे होने जैसा है

मंच पर जो रखी है
अशोक-स्तम्भी कुर्सी
जितना जो दुस्साहसी है
उसके प्रति उतना ही है इसका
गहरा आकर्षण

अभी यह फुरसत में है
इस पर कोई नहीं बैठा है न्यायाधीश
मेरी तरह यह भी अभी
कवि है

इसे पूरे वक्त किसी ने नहीं
दीवार पर लटकती गाँधी जी की तस्वीर ने साथ दिया है
बोलने का पूरा हक़ है इसको-
वकीलों ने हिन्दुस्तान को गुलाम और
कंगाल बनाया है

किसी की मुझे जमानत करवानी है
मेरे वकील ने बतौर जमानतदार
एक बुढ़िया को भाड़े पर
खड़ा किया है

ज़मीन के टुकड़े का पट्टा
बुढ़िया के हाथों में है
कई वकील और दलाल
बहुत देर से जिसे घूर रहे थे

बेबस और कंगाल हिन्दुस्तान को
इकट्ठे देखना ही तो
अदालत आइए

भूल ही गया दिखाना
यहाँ की सबसे ज़रूरी चीज़
पिछवाड़े में जो नीम का पेड़ है

देखा जा सकता है
इसकी छाया में खड़े होकर
ज़माना अभी उतना नहीं बदला है
यहाँ आने की थोड़ी-सी ज़रूरत अभी
बची हुई है

पूछता हूँ मोबाइल फ़ोन पर
जिस किसी से-
भीड़ बहुत है
कहाँ मिलेंगे आप?

नीम के पेड़ के नीचे
नीम के पेड़ के पास की पान-गुमटी पर
नीम के पेड़ के सामने
वकीलों के टिन शेड में...

अदालत तो
इस नीम के पेड़ को होना चाहिए था

एक मरियल बूढ़ा
पेड़ के नीचे दुकानदार बनकर बैठा है
थैली में बमुश्किल किलो-भर मूँगफली है

साथ में टिन का तराजू
और पत्थर के टुकड़ों के बटखरे हैं

सवाल नहीं
तौल में एक भी दाना कम-बेशी होने का

लिखा है
दाने-दाने पर न्याय

जज साहब के हाथ में बूढ़े की इस तराजू को
थमाने की इच्छा हुई
लेकिन तभी रामपाल सिंह कुशवाह की सामाजिकता
और जमानत देने वाली बुढ़िया की बेबसी का ख्याल आया
खुद मूँगफली बेचता यह बूढ़ा मेरी इच्छा को कोसने लगा

एक स्वप्न-दृश्य खिंच गया
जज के हाथ में बूढ़े का यह तराजू है
और पूरी अदालत खाली है

अदालतें इस तरह खाली नहीं रखी जा सकतीं
आर्डर! आर्डर!!

‘ने’ चिह्न

कर्ता
करे न करे कुछ
उसकी मर्जी
लेकिन उसकी नाक में नकेल है
यह ‘ने’ चिह्न

‘ने’ का कहना है
खाओ-पीओ कुछ भी करो
लेकिन जिसे खाते-पीते हो
बाद में कहो उसे
उसी के लिंग वचन से

भूतकाल महान है
उसकी कर्म वाली क्रियाएँ महान हैं
लेकिन सबसे महान है ‘ने’ चिह्न
यह बात राम को पता है
जिसने भाषा में रोटी खाई है
और यह बात अपने बंगाली दादा को पता है
कि शुद्धो नहीं बोली जा सकती हिन्दी
इस ससुरे ‘ने’ चिह्न के कारण

हिन्दी दुनिया में सबसे जुदा है
इस ‘ने’ के कारण

हिन्दी नहीं बन पाई राष्ट्रभाषा
इस या उस 'ने' के कारण
और करो ने ने ने।

तरफदारी ऐसे लोगों की

आजकल मुझसे कई ऐसे लोग अक्सर जुड़ जाते हैं
जिन्हें अच्छे लोगों की जमात में
पसन्द नहीं किया जाता

मुमकिन है मेरा ही झुकाव हो गया हो
ऐसे लोगों की दिशा में

इससे मेरा बहुत-सा काम हो जाता है आसान
और बड़ी बात है कि लोगों के प्रति
मेरा नज़रिया खराब होने से बचता है

मैं किसी और का नज़रिया नहीं बदल सकता
लेकिन यह तो कह ही सकता हूँ कुछ अनुभवों के ज़ोर पर-
जितना भी समझिए ऐसे लोगों को अपनी शान के खिलाफ
लेकिन अच्छाई के उदाहरण इन्होंने भी
कोई कम पेश नहीं किए हैं

मेरे परिचित भट्टाचार्य और उनकी पत्नी की बात लीजिए
विमान अपहरण के भारी संकट से उबरकर
वापस वे घर आए थे
सबसे पहले शहर के ऐसे ही लोग गए थे उनसे मिलने
बेचारों ने बुके भेंट किए

व्यथा सुनकर झरझर आँसू बहाए
और मेरे पहुँचने तक भट्टाचार्य परिवार
हँसता खिलखिलाता दिखाई पड़ रहा था

आप कितना भी करें ऐसे लोगों को थू-थू
किसी मौके पर समझ में आती ही है
उनकी वक़अत

जब मेरी तरक्की हुई थी
अच्छे लोग ईर्ष्या से चुप रहे
कुछ जो ज़्यादा अच्छे थे
ध्यान नहीं दिया
यह तो उनके द्वारा घटिया कहे जाने वाले लोग थे
ईर्ष्या और उपेक्षा की बुराई से बिल्कुल मुक्त होकर
खूब बधाइयाँ दी थीं
जिन्हें मालूम था मैं चाय पीता हूँ उनके साथ
ज़रा नाक सिकोड़कर
उन्होंने भी दावत माँगी
और शराब मुर्ग कई चीज़ों के मेन्यू तक बता दिए

मुझे लगता है
रस-रंग तो जम ही नहीं सकता
ऐसे लोगों के बगैर
और कभी इनके द्वारा कर दिया जाता है
रंग में भंग
दिन के यादगार बनने के लिहाज़ से
वह अच्छा ही होता है

याद रखने वाली सबसे ज़रूरी बात है
बुरे समय में ऐसे ही लोग

सबसे अच्छे दोस्त साबित हुए हैं

जब मुझे एक अपराध में शामिल बताकर
जेल में ठूँस दिया गया था
अच्छे लोग कॉफी हाउस में बैठकर
मुझे मिलने वाली सज़ा की मीयाद पर विचार कर रहे थे
यह तो ऐसे ही लोग थे
जो न सिर्फ़ मिलने आए
ज़मानत के लिए भी बेखौफ़ तैयार हो गए
और उनमें से कुछ ने वैसी तरकीबें बताईं
जो अच्छे-अच्छे वकीलों को नहीं आती हों

यही कारण है
जब भी पड़ता हूँ मुसीबत में
किसी ऐसे ही आदमी से सहारे की उम्मीद करता हूँ

भद्रजनो
इसे एक अभियोग मानिए अपने प्रति
जो पूरे आख्यान में मुझ पर भी लागू हो रहा है
और मैं ख़ुद चाह रहा हूँ
ऐसे लोगों की तरफ़दारी से
कोई मुझे बचा ले।

मन्नू भाई पर कविता

मन्नू भाई पर कविता!

शुरू से यह बात मुझे परेशान करती रही है
कविता की सरहद से बाहर खड़े व्यक्ति पर
अगर लिखनी हो कविता
तो आप कविता की क़ुदरत को कैसे बचाएँगे

हालाँकि सरहदें क़ुदरती नहीं होतीं
और इस नज़रिये से
कविता भी क़ुदरती चीज़ नहीं है

लेकिन मुश्किल यह है कि
मन्नू भाई बिल्कुल क़ुदरती इंसान हैं
दूसरे शब्दों में–
कुछ लोग इतने क़ुदरती हो जाते हैं
कि मन्नू भाई हो जाते हैं

भाषा भी इस क़ुदरती खेल से अलग नहीं है
जैसे इस 'मन्नू' नाम को ही लीजिए
अभिमन्यु से घिस कर बना
और फिट हुआ मन्नू भाई पर

पर्यावरण चेतना के इस दौर में

क़ुदरत को हमें गहराई में जाकर जानना चाहिए
और इसी अर्थ में मन्नू भाई को भी जानना चाहिए
हिन्दुस्तान के देहात कस्बों को जानने के लिहाज़ से तो
बहुत ज़रूरी है उन्हें जानना

मामूली कद-काठी के
दूसरों की शान्ति में खलल डालती हुई मुख-मुद्रा
लेकिन यारबाजी कोई चीज़ होती है
जिसके कारण अपने समाज में बढ़ जाता है आदमी का क़द
और पूछिए मत
छुटपन से ही मन्नू भाई इस फ़न में थे कितने उस्ताद

कुछ खास बड़े घर के नहीं थे
संयुक्त परिवार में जनमे इकलौती संतान थे माँ-बाप के
इसलिए आसानी से इतना जुगाड़ लेते थे
कि पान-सिगरेट की बात क्या
पीने खाने की महफिल में जमा देते थे
अपना रंग

उस रंग में थोड़ा मदिरा का रंग होता था
तो थोड़ा उनके निठल्ले जीवन-बोध का
और इस काकटेल से यार दोस्तों का मज़ा दुगुना हो जाता था

मन्नू भाई के बेकार के क़हक़हे
संगीत का असर डालते थे

निठल्लापन भी एक काम है
मन्नू भाई से बेहतर इसे शायद ही कोई जानता हो
थोड़ा-थोड़ा यार दोस्त भी जानने-समझने लगे थे
यारबाजी हो ही नहीं सकती है इसके बगैर

यारबाजी पैदा करती है ओज
और आदमी को दीवाना मर्द बनाती है...

कुछ लपाड़ी दोस्तों की ललकार पर
कोई कूद जाए ब्लॉक के किरानी की छत पर
और चूम ले सरेआम एक गदराई युवती का मुख
ऐसी ठोस मर्दानगी थी उस हमारे मन्नू में

शकुन्तला नाम था उस युवती का
इसलिए वे अपने को दुष्यन्त कहने लगे थे
और उसे भेजा करते थे प्रेम-सन्देश
जिसमें उनकी समझ से कालिदासीय महानता थी

भेद की बात बता रहा हूँ
उन संदेशों का प्रेत-लेखन मैं करता था
और अक्सर हो जाता था कुंठित
लेकिन यह भी सच है कि लिखते हुए उन्हें
मेरी चेतना से परे
कविता-रूपी बीज की
खुल रही थी आँख...

नाटक वह न्यारा था
गन्धर्व-विवाह से पहले ही
दुर्वासा का आगमन हो गया
और मेघदूत की शुरू हो गई रचना

यक्ष के विद्रूपवतार हो गए थे मन्नू भाई
आँसू-भरे संदेशों से जब जी भर जाता
खड़े हो जाते थे शकुन्तला के द्वार पर
और दिल की भड़ास निकालते थे दोस्तों को सुनाकर-

यह किरानी ससुरा कमाता जितना साल में है
उतने की तो होती है पुदीने की मेरी खेती

जिस रात शकुन्तला का था विवाह
मन्नू भाई घुस गए उसके कक्ष में
और बाँध आए उसकी कलाई पर
छोटी-सी चमचमाती कैवलरी घड़ी

उसके बाद नाटक खतम
भाड़ में गई शकुन्तला

मन्नू भाई के लिए असली प्यार की चीज़
यारबाजी ही हो सकती थी
लेकिन अब यहाँ भी खराब दिन शुरू हो गए थे
छोड़कर कस्बा जा रहे थे दोस्त-यार

मन्नू भाई आख़िर कहाँ जाते
वे कहीं जाने के लिए बने ही नहीं थे
उनके लिए सबसे बड़ा काम
अपनी जगह का होकर रह जाना था

इस काम का अर्थ
यदि शकुन्तला के परिजनों ने समझा होता
मन्नू भाई सचमुच एक सफल इंसान होते
शायद पॉलिटिक्स में चले गए होते
कस्बे की तरक्की में उनका योगदान होता

सच पूछिए तो सबसे अधिक
यारबाजी ने सताया था उन्हें
यदा-कदा कहीं वे जाते थे

तो यारी निभाने की ही खातिर

हालाँकि जहाँ भी वे गए
अपनी कस्बाई ठसक लेकर गए

मैं रहता था उन दिनों पटना
हथुआ मार्केट से सटे एक मकान में
एक दिन चले आए मन्नू भाई
उनके साथ एक लड़का था
लिये हुए हाथ में जूते रखने का डिब्बा।
मन्नू भाई ने आते ही दिखाया मुझे
अपने पैरों में चमचमाते नये पम्प शू
लड़के ने रख दिया कोने में उस डिब्बे को
उसमें उनका पुराना जूता बंद था
मन्नू भाई ने थमाया उस लड़के को
उसके न-न करने पर भी एक रुपया

मैं भौंचक था
क्योंकि जिससे उठवा कर लाए थे मन्नू भाई
अपने पुराने जूते
वह कोई नौकर नहीं
हमारे मकान मालिक का बेटा था

मन्नू भाई कोई सामन्त प्रभु नहीं थे
कोई गुंडा सरदार भी नहीं थे
अपनी जगह से बँधे हुए
बस अपने मिज़ाज से
एक आज़ाद इंसान थे

यह मिज़ाज ही

कविता का असली लक्ष्य है
और हम जैसे उखड़े-पखड़े लोगों के लिए
घोर ईर्ष्या का विषय।

मैं होना चाहता हूँ

मैं होना चाहता हूँ
ज़रा बदसूरत ज़रा अड़ियल
ज़रा बदसलूक

इस ज़रा ज़रा के कारण
ज़रा कामयाब होना चाहता हूँ

वैसे तो मैं पूरा कामयाब हूँ
लेकिन कामयाब होने की ऐंठ के साथ
ज़रा कामयाब होना चाहता हूँ

मैं होना चाहता हूँ
ज़रा-सा लंगड़ा
और पूरा-सा भिखारी

इस ज़रा और पूरा के कारण
ज़रा घृणा और ज़रा दया पाना चाहता हूँ

वैसे तो मैं पूरा भिखारी हूँ
इस अन्नदात्री पृथ्वी का
लेकिन साहेब ज़रा आपकी भी नीयत देखना चाहता हूँ

मैं होना चाहता हूँ

खतरनाक डाकू
बड़ा डॉन

इस डाकू-डॉन के कारण
ज़रा आप लोगों को डराना चाहता हूँ

वैसे होने को तो
मैं किसी देश का राष्ट्रपति हो सकता था
लेकिन इतना अपंग भी नहीं होना चाहता हूँ

मैं होना चाहता हूँ
इस समझदार समय का
एक नासमझ कवि

वैसे तो मैं इतना नासमझ नहीं हूँ
अपनी हिफ़ाजत का ख़्याल किए बगैर
कविगण कहें मुझे कवि

बड़े कवि हैं ही जब शहर में
राजेश जोशी कुमार अम्बुज
कवि नहीं कहे जाने का कवि
मैं होना चाहता हूँ

कतई नहीं है ज़रूरी वैसे भी
एक ग़रीब समाज में होने
और अपनी जीवित भाषा में जीने के लिए
बड़े कवियों की कतार में खड़ा होना

मैं होना चाहता हूँ
मुझे होने भर तो दीजिए।

मुझे लिखनी है उस आदमी पर कविता

मुझे लिखनी है उस आदमी पर कविता
जो मुँह-अँधेरे उठकर जाता है रोज़-रोज़
उचाट मन से काम-धाम पर

वह आदमी पेशे से बैंककर्मी हो सकता है
कोई बाबू चपरासी हो सकता है
और प्रोफेसर साहब घमंड मत कीजिए
वह आप भी हो सकते हैं
जो बीस साल से पढ़ाए जा रहे हैं
सुबह 8:40 पर कामायनी

मुझे लिखनी है उस पर कविता
जिसने कविता की असाधारणता से मुख मोड़ रखा है
लेकिन वह अनजाने ही आईने के सामने खड़ा होकर
एक असाधारण हमशकल खड़ा कर लेता है
और पूछने लगता है उससे-
कौन हो तुम
करते हो क्या मेरी तरह ही
कोई बेमज़ा काम

उसका हमशकल 'ना' में सिर हिलाता है
और इस झूठ पर वह न्योछावर हो जाता है

मुझे लिखनी है उस आदमी पर कविता
देखा जिसे एक दिन न्यू मार्केट में
एक सुन्दर स्त्री–पीठ के पीछे–पीछे
और देखा कि
सुन्दर पीठ वाली स्त्री का मामूली चेहरा देखने के बाद
वह मायूस हो गया

उसकी मायूसी
एक चमकते आईने की तरह थी
जिसमें वह स्त्री चेहरे से भी
सुन्दर हो रही थी

मुझे लिखनी है उस पर कविता
जिसे कभी एक अजीब अनुभव से गुज़रते देखा
वह चला था जी.टी. एक्सप्रेस से
भोपाल के लिए
लेकिन मंजिल से आगे
खुली नींद उसकी
पहुँचकर होशंगाबाद

पैसेंजर गाड़ी से लौटते हुए
बहुत खिन्न था
अपनी ही प्यारी नींद से
लेकिन पहुँचकर घर
भर गया रोमांस से
यात्रा के उस अनुभव से

मुझे लिखनी है उसी तरह के आदमी पर कविता
जो नीरस जीवन और उसके कामों के बीच
रखता है अपने पास

एक अद्‌भुत आईना
जिसमें दूसरा और सुन्दर रूप
दिखाने की माया है

मुझे लिखनी है उस पर कविता
क्योंकि उसका आईना
मेरी कविता को चाहिए।

आदतें

मैंने एक दिन अपनी आदतों पर गौर किया
और मुझे सोचकर आश्चर्य हुआ
लम्बी छुट्टी पर होने से पहले
मैं कहाँ जानता था
मुझे घर में ही रहने की आदत है ज़्यादा

आदतें जो डाली जाती हैं जबरन
मैं कैसे कह सकता हूँ
वे मेरी ही हैं

एक आदत की काट में
पैदा होती है जो दूसरी आदत
वही अधिक कुदरती आदत हो सकती है

जैसे मेरे बोलने से अधिक
मेरा हकलाना कुदरती है

और मैं जब बोलता हूँ
मुझे इसकी आदत नहीं
कि उसकी आदत नहीं
वह मेरी अपनी नहीं
भाषा की आदत है

मुझे कविता को लम्बी कर देने की आदत है
इस आदत से बचने के चक्कर में
हुई होगी सूक्तियों की रचना

सूक्तियाँ
अक्सर बुरी आदतों के बारे में कही गई हैं
और अन्ततः वे खुद भी
कविता की बुरी आदतों में शामिल हो गई हैं

कुछ समर्थ कवियों ने
बना रखी है कविता में
सूक्तियों के लिए ऐसी जगह
आदतन पड़े जिस पर हमारी नज़र

इस समय मेरी भी जीभ पर
सूक्ति जैसी एक बात लगभग बैठ चुकी है
जिसे मैं अपने अशुद्ध उच्चारण की आदत से बचाते हुए
कहना चाह रहा हूँ

आदतें प्रायः होती हैं
दूसरी आदतों का स्थानापन्न
और किसी नई आदत को अपनाने की प्रक्रिया में
न बदलने वाली कोई आदत
निभाती है बड़ी भूमिका

मैं अपना लूँ कैसी भी नई आदत
लेकिन यह लगभग तय है
न बदलने वाली आदतों के कारण
रहूँगा हमेशा हमेशा
वही सुधीर रंजन।

छत्तीसगढ़ वाया कुरुद

दिन ठंड के थे
और ठंड नहीं थी, इस बात के उदाहरण में
रायपुर की सड़क पर कुछ भद्रजन
छाता लिये हुए चल रहे थे

दिसम्बर महीने के हिसाब से
गैररोमांटिक बात थी यह
पृथ्वी पर पूरे साल में कभी तो होनी चाहिए इतनी ठंड
कि थामी जा सके दूसरी देह

गरमियों के दिन आकर मालूम हुआ
चाँद यहाँ सूरज जैसा ही लगभग गरम था
समझिए कि दो सूरज
एक गरम
एक कम गरम

रायपुर से तीस कोस, हाइवे से जरा हटकर
एक कस्बा था कुरुद
मैंने नौकरी शुरू की थी यहीं से

पहली नौकरी की मुश्किलें बड़ी अजीब होती हैं
सब कुछ सीखना होता है एक बार नए सिरे से

और यहाँ रहते हुए मुझे सबसे पहले सीखना था वह विज्ञान
जो बोलने और सुनने के बीच की भ्रांतियों को दूर करता हो
मसलन यही कि करूँ किस तरह उच्चारण
इस कुरुद को कुरुद
कि लोग समझ लें मैं बोल रहा हूँ दुरुग* नहीं
धमतरी के पास वाला कुरुद

मेरी मुश्किल यह भी थी कि सड़क पर चलने के लिए
पहना करूँ किस रंग के कपड़े
खप जाएँ जिसमें धूल और उसके रंग

पता नहीं किस निर्जीव मूँगे के टापू से
हवा उड़ा लाती थी
ग़ज़ब की लाल धूल

इस धूल का ही था कमाल
सड़क पर खड़े होने पर
ऊपर वाले की छतरी ज़रा झुकी दिखाई देती थी

इस झुकी छतरी का कमाल था कि
कुछ लोगों को कुरुद में कुरुद दिखाई नहीं देता था
क्योंकि वह उनके खुद के होने की तरह ही था
और यह भी कि उनके लिए नहीं बनी थी कोई वैसी दूरबीन
दुर्ग और राजनाँदगाँव से आगे जिससे देखा जा सके

राज्य के बेढंगे भूगोल के कुरुद भीतर से विरुद्ध था
और रायपुर के गर्भ में उसका राजनीतिक भविष्य पल रहा था

इसे सबसे बेहतर देखा जा सकता था
भाई बाला जी साहब के बोलने जीने के अन्दाज़ में

* दुर्ग

जाते थे वे भोपाल और खड़े होकर झील के किनारे
कहते थे भोपाल से-
भोपाल! तुम्हें आधा
रायपुर ले जाऊँगा

तुकाराम जी मदिरा की मदहोशी में ही
मिला देते थे उनकी बात में तुक
बाकी क्या था गिरे पड़े कहीं
घोंटते थे थूक

एक पुरस्कृत फ़ोटो छपा था
गिरे पड़े तुकाराम जी का
रायपुर के अखबार में

पूरे कस्बे में अकेले फ़ोटोग्राफ़र थे
भाई रमेश साहू
निकॉन एफ.एम. कैमरा वाले
ब्लाक और तहसील में होते जितने काम थे
उनमें लगते थे उनके खींचे फ़ोटो
उन्हीं के खींचे फ़ोटो की बदौलत
तुरा तुरियों का होता था ब्याह
उनके खींचे हसीन फ़ोटो वहाँ के मनचले तुरे
जेब में लिये घूमा करते थे
सुना कभी किसी फ़ोटो को लेकर
चक्कू-छुरी चल गई थी

कस्बे में आधुनिकता का पदार्पण हुआ था
रमेश साहू के फ़ोटोग्राफ से

जाने-सुने लोगों में तुकाराम जी ही वह आदमी थे

जिनका सामना करने में साहू जी के कैमरे का सौन्दर्यबोध
ज़रा कमजोर पड़ जाता था
यह इत्तफ़ाक़ की बात थी
गिरा पड़ा तुकाराम
उनका सबसे क्रिएटिव फ़ोटोग्राफ़ था

उस फ़ोटो को देखकर कोई यक़ीन के साथ कह सकता था
यहाँ के लोग गरमी बर्दाश्त करने के मामले में
गाँधी जी से भी थोड़ा आगे हैं...

तरिया में भैंसें गोता लगा रही हैं
किनारे पर सूअरों का कीचड़-स्नान चल रहा है
एक हाँफता हुआ कुत्ता बैठा है छाँह में
और तुकाराम जी धूप सेंक रहे हैं गिरे पड़े

सचमुच सहनशक्ति की मिसाल थे
अपने तुकाराम जी यादव
मार-गाली सहने के
बड़े आन्दोलनकर्ता

इससे अलग एक अच्छी बात थी
जो यहाँ आकर सीखी जा सकती थी
बहुत किफ़ायती थे यहाँ के लोग
पानी खरचते थे कम खरचते थे
चाय पीते थे कम पीते थे
सुबह सबेरे उनका प्रिय भोजन बासा था
रहने जीने के मामले में सच में लोग यहाँ के
गाँधी थे

हिरदा बाई मेरी रसोई बनाती थी

जाते वक्त नहीं भूलती थी
उबली हुई चायपत्ती ले जाना
घर जाकर उसे सुखाती और बनाती थी चाय

हिरदा परित्यक्ता थी
परित्याग की गई वस्तुओं के विचार से
उसने समझौता कर लिया था

चाय के मामले में चन्दू जी कलाकार की बात और थी
लौटे थे शांतिनिकेतन से चित्रकारी का डिप्लोमा लेकर
वहीं से ब्याह लाए थे कोई बंगाली कन्या
बेचारी दिन-भर बनाती थी उनके लिए चाय
चन्दू जी का एक पैर पोलियो से बेकार हो गया था
इसलिए बैठकर ही किरमिच पर चलाते थे कूँची
जब जी ऊबता पीते थे चाय
चाय से भी जब जी ऊबता
बंगाली वधू के हाथों पर बरसाते थे छड़ी

चन्दू जी की कूँची में थोड़ी बात थी
लेकिन पता नहीं यह उनकी ऊब थी
कि उनका कलाकार हृदय
इस कस्बे को देखना चाहते थे किरमिच पर
गुएर्निका जैसा

अजगर की इच्छा से उगते हैं चन्दन के पेड़
चन्दन की इच्छा से भरती है घास-पात में भी सुगंध

कुरुद में सोमा दादा एक अजगर की तरह था
कहीं का भागा कहीं का काटा जेल
लौट आता था अक्सर यहाँ

हिंस्र मुद्रा बनाए

रात के अँधेरे में बिना बत्ती वाली जीप से
नशे की झोंक में उसने मुझे ही कुचल देना चाहा था
कहाँ सोमा दादा और कहाँ हम शांतिप्रिय कमजोर लोग
यह तो आत्मा पर से बोझ हटाने की बात थी
कि लोगों के साथ मिलकर मुझे करनी पड़ी उसकी पिटाई
लेकिन उसने नहीं माना इसे बात का अंत
बोल दिया आकर मेरे घर पर धावा
साथ उसके और थे कुछ शुहदे

आप यक़ीन नहीं करेंगे
हाथ में लेकर एक कच्ची टहनी
अकेले रमेश साहू ने सबको खदेड़ दिया था

ग़रीबी और शोषण को बाद करके
लगभग इतनी ही हिंसा थी
यहाँ के आम जीवन में

भाई बाला जी साहब करते थे पार्टी पालिटिक्स
मगर छूकर नहीं देखी थी उन्होंने
बंदूक पिस्तौल

कुरुद और बारूद में नैसर्गिक तुक के बावजूद
यहाँ की हवा में बारूद की गंध नहीं फैली थी

आज मैं भोपाल में बैठकर लिख रहा हूँ
कुरुद पर यह कविता
पहले कभी भोपाल में कुरुद के बारे में कुछ कायदे से बात हुई होती
क्यों भाई बाला जी साहब आधा भोपाल उठा ले जाते!

चलिए एक अच्छी ख़बर सुना रहा हूँ
इस बार हो आया हूँ कुरुद
दिखाईं मुझे लोगों ने बदली हुई गलियाँ
कंक्रीट की सड़क
चेहरों पर मुस्कान दिखाने में थोड़ी मेहनत पड़ी
पर थी पर्याप्त मुस्कान

हिरदा चली गई है ससुराल
सोमा दादा का पता नहीं, कहाँ है
तुकाराम जी रहते हैं अभी भी गिरे पड़े
चन्दू जी कलाकार गए दिल्ली
उभरा है बसंत नाम का युवा चित्रकार
करता था पहले मोटर बाइंडिंग का काम
एक दुर्घटना में पूरी देह से हो गया विकलांग
पता नहीं कैसे पकड़ लेता है कूँची
बनाता है दंग कर देने वाले चित्र

सचमुच कुरुद बदल गया है
और कुरुद वही है
बसंत के चित्र इस बात का
सबसे ताज़ा प्रमाण हैं

मेरा अनुभव पुराना है
धान की हर नई फसल के बाद
यहाँ अच्छाई का चेहरा कुछ ज़्यादा निखर आता है

छत्तीसगढ़ के राजाओ!
बढ़िया, सबसे बढ़िया छत्तीसगढ़
बशर्ते कुरुद के इस चेहरे को बनाए रखो।

बोलने का रोज़गार

उसे बैठाया गया था मंच पर सादर
फूल-माला और गुलदस्ते भेंट करवाए गए थे
उनसे जो आयोजकों के काम के लोग माने जाते हैं
इस तरह उसे विनयशीलता का बोझ उठाकर
पाँच सात दफे उठना भी पड़ा था बोलने से पहले
सच पूछिए तो उस पल उसे सलीब उठाने जैसी
महान अनुभूति से गुज़रना पड़ रहा था
कि वह बोलने के लिए खड़ा हुआ तो श्रोता उसे
गिरजाघर में प्रार्थना की मुद्रा में दिखाई पड़े
यह सब उसके लिए इतना नया और पुराना था
यानी इतना आकस्मिक और इतना तय-सा था
कि उसका हकलाना वाग्प्रवाह में दिशा देने का काम कर रहा था
शत्रु की तोप की तरह माइक था उसके सामने
और वह शहीद की मुद्रा में बीच-बीच में चुप हो जाता था
जब दुबारा बोलना शुरू करता था
उसमें एक विनम्र आग्रह छुपा होता था
क्यों न उसे इतिहास में संत की तरह याद किया जाए
और इस तरह बार-बार उसका बोलना रुक रहा था
उसके बोलने को जो बात धक्का लगा कर आगे बढ़ा रही थी
वह इस उम्मीद पर टिकी होती थी कि श्रोताओं की ओर से
घोषित हो जाना चाहिए-
भाषा की उसकी इस मथानी के आगे
देव-दानवों की समुद्र-मथानी भी कुछ नहीं रही होगी

बार-बार श्रोताओं का इधर-उधर होना और बाहर निकलना भी
उसे दुश्मन की सेना का बिखरना दिखाई पड़ रहा था
हालाँकि सालों के तजुर्बे से उसे पता था
लोग उसे सुनने से ज़्यादा आयोजकों से सम्बन्ध-निर्वाह के वास्ते आते थे
यह एक ऐसी पीड़ा थी जिसके कारण
उसकी आवाज़ में कुछ सच्चाई झलकने लगती थी

हालाँकि बोलक्कड़ लोग सच्चाई की परवा कहाँ करते हैं
वे जानते हैं कि बोल-बोल कर ऐसी बात पैदा की जा सकती है
जिससे मरे को भी दुबारा-तिबारा मारा जा सके
और आप-हम श्रुति-ज्ञान के इस तरह अभ्यस्त किए जाएँ
कि किताबों का म्यूज़िक-थिएटर पार्टी-संगठन
सबका साथ जाता रहे...

यह एक ऐसी प्रक्रिया है जिससे गुज़रकर
हमारा यह वक्ता बोल रहा था

कितना समय बीत गया जब आग
उसकी जबान पर नहीं
दिलो-दिमाग़ में होती थी
कलम से बोलती थी
इज्जत की रोटी उस पर सेंकी जाती थी...

आज वह नम्बरी बतोला था
उसकी भाषा-व्यवस्था में घुसकर देखा जा सकता था बखूबी
कोई किधर से किधर चला जाता है बोलते-बोलते
कि बोलने का रोज़गार कैसे करता है ख़ून
भाषा के औजार से रचने और बदलने का
कि भाषा के ही हर लेता है प्राण
कबीर ने नाहक नहीं कहा था :
बोलत ही सब तत्त नसाई।

यह दुनिया देखने के लिए बनी है

यह दुनिया देखने के लिए बनी है

किसी बड़े कलाकार ने
अनदेखी चीज़ों को देखकर
बनाया था इसे

इसलिए अनदेखी चीज़ों को
देखने की चाह
और उसकी कसक
बनी रहती है हमेशा

वह तस्वीरें अभी खींची जानी हैं
इस दुनिया में जो कहीं छुपी बैठी हैं

इस छोर से उस छोर तक
दुनिया पानी है
दुनिया मिट्टी है
जितनी ढंग की है
उतनी ही बेढंगी है
गोल से ज़रा कम गोल है
चौड़ी से ज़रा कम चौड़ी है
बड़ी से ज़रा कम बड़ी है

किसी बड़े कलाकार की समझ है
इसकी कोई चीज निगाहों से नहीं बचे
और बची भी रहे यह देखने लायक

सभी चीज़ें इसकी प्राचीन हैं
और सभी चीज़ें इसकी समकालीन हैं
इसकी हर चीज़ में अमरता का विचार है
और इसकी हर चीज़ का है अन्त

इसमें क्रूरता का चल रहा है राज
फिर भी इसमें सुन्दरता थमी हुई है

यातना और मृत्यु हैं इसमें
और यातना और मृत्यु के बाद की
यह रचना है

यह दुनिया देखने के लिए बनी है
और यह एक ऐसा समय है गम्भीरता-से सोचने का
दुनिया को नष्ट करने के लिए जो कुछ बनाया जाता है
काश! वह भी सिर्फ़ देखने के लिए बना होता।

57 हमारी पहली कविता है

जिस दिन मंगल पांडे की गोली से
लेफ्टिनेंट बौ का घोड़ा घायल होकर गिरा था
कि जिस दिन मेरठ के घुड़सवार सैनिकों ने
घिनौने कारतूस लेने से मना किया था
उस दिन से शुरू हुई यह कविता
मेरी कलम तक पहुँची है

रेत पर हवा की लिखी इबारत को
पढ़ना सीख कर कहें तो
हमारी हिन्दी में '57
कविता की पहली भाषा है

क्रोध पहले आता है
पीछे पीछे आती है करुणा
कभी कभी क्रोध ही रूपान्तरित हो जाता है
असीम करुणा में

पीछे पीछे आईं '57 के
भारत दुर्दशा की हहाती पंक्तियाँ
होरी की मृत्यु
मनु की हार...

राम की शक्तिपूजा का राम

अयोध्या का नहीं
'57 का नायक है
मुक्तिबोध की खोज अँधेरे में
परम अभिव्यक्ति की
'57 की तड़प है
धूमिल की पटकथा
'57 के मात खाए एक लड़ाकू की ओर से
लिखी गई :
सारा का सारा देश
आज भी कारागार...

लिखी होगी ग़ालिब ने दस्तंबू
अँगरेज़ों की ज़बान से
लेकिन उनके उदास शे'रों से
'57 के आँसू झरे हैं

ज़फ़र का उजड़ा दयार
हाली की कलम से कि मैथिलीशरण और
इक़बाल की कलम से–
ज़िन्दा ज़बानों की गरज और गूँज से–
रहने के थोड़ा काबिल
देश बना है...

जब–जब मैं गुज़रता हूँ झाँसी से
याद आती हैं एक साथ
लक्ष्मीबाई और सुभद्राकुमारी चौहान
जब–जब मैं जिला भोजपुर से गुज़रता हूँ
कुँवर सिंह की यादों के साथ
कानों में गूँजने लगते हैं
'57 की मरदानगी के गीत

मैं नहीं जानता आज कहाँ-कहाँ बचा है '57
लेकिन वह हमारी कविता में ज़रूर बचा हुआ है

मैं भोपाल टी.टी. नगर रहता हूँ
हमारी भाषा पर अँगरेज़ियत का दरेरा लगाकर
बताया जाता है '57 के खिलाफ़
मेरा यह पता

इसे तात्या टोपे नगर कहने में
अगर आपको दिक़्क़त है
तो मैं देश में कहीं नहीं रहता
लिखित में मेरा यह जवाब है

यह सिर्फ़ सही नाम पुकारने का मामला नहीं
गुलामी की आदत के ख़िलाफ़
आवाज़ उठाते रहने का मामला है

मैं कह सकता हूँ
अपनी इस ग़रीब हिन्दी में
और इसकी तरफ़ से-
लिखी जाएगी जब तक देश में
ग़ुलामी की आदत के ख़िलाफ़ कविता
'57 की याद उससे जुड़ी रहेगी।

प्रेम पर कुछ पंक्तियाँ

आओ
करते हैं बातें
हो जाएगा प्रेम
आप से आप

प्रेम में पड़कर
हम बच ही नहीं सकते
दूसरों की घृणा से

हम पाप नहीं करते
हम सिर्फ़
पापी हैं

प्रेम
एक नींद है
मृत्यु जैसी गहरी

प्रेम करो
और मर जाओ
वर्ना प्रेम मरेगा

देह एक जीवित तथ्य है
प्रेम कोई तथ्य नहीं है

मुझे दो इतनी यातना
कि लिख सकूँ
प्रेम पर कविता

ठीक है
हँसे यह संसार
करें हम प्रेम

आओ, सभी लोगो
निवास करो
मेरी प्रेम कविता में।

छूटे हुए शहर के स्टेशन के बाहर

स्टेशन के बाहर आकर
देखा शहर को यादों की निगाह से...

वहाँ की सभी चीज़ें देखकर मुझे
तीखी धूप में खड़ी हो गईं औचक
और शहर के सभी जाने-पहचाने चेहरे
उनमें दिखाई पड़ने लगे

एक खंभा था पुराना
जो उपाध्याय बनकर कहने लगा
आ गए
लगता है इस बार
इस जगह ने तुम्हें पुकारकर बुलाया है...

खंभे की आत्मा की तरफ से कहने लगा उपाध्याय
यह भी याद करता है तुम्हें
चूँकि यह खंभा है
उखड़े हुए लोगों के प्रति
वेदना इसकी गहरी है

उपाध्याय ने मेरा विरोध करना नहीं शुरू किया होता
तो शायद यह जगह मैंने नहीं छोड़ी होती

डर था उसे कि मैं यहाँ रहकर
उसकी लोकल सेलेब्रिटी का कर सकता हूँ नुकसान

उपाध्याय के खंभा हो जाने को लेकर
मेरी भी वेदना गहरी है...

डर आलोक मोहन को कम नहीं था
बीच में रखकर किसी स्त्री को
वह शक और ईर्ष्या से हो जाता था ग्रस्त
देखिए तो एक होर्डिंग के सहारे कैसे खड़ा है
बिखेरता हुआ कुटिल मुस्कान–
आना था तो पहले बताना था
मैं बता आया होता पूजा भार्गव को

होर्डिंग की छाँव में
खड़ी थी एक स्त्री तीस की उम्र की
कत्थई सलवार सूट में
बिल्कुल नजर आ रही थी
पूजा भार्गव जैसी

लेकिन यह पूजा भार्गव कैसे हो सकती थी
पन्द्रह साल पहले जब मैंने छोड़ी थी यह जगह
तभी तीस की थी पूजा भार्गव
और उसे लेकर बहुतों को रहता था भ्रम
बौद्धिक ऊर्जा के दम पर कि सुनाकर कविता
उसे किया जा सकता है अपने वश में

शायद ऐसी ही स्त्रियों के कारण
चल रहा था इस शहर की बौद्धिकता का कामकाज

होर्डिंग की छाँव में पूजा भार्गव के खड़ा होने का अन्दाज़
इतना तरल और मधुर था
कि मैं मजबूरन बालों पर कंघी फेरने लगा
मेरे इस अन्दाज़ पर वह रोक न पाई हँसी
फिर चेहरे पर चढ़ आया उलाहना का भाव-
क्यों गए थे
करते रहते इसी तरह कोशिश

इस शहर में मेरी पहचान के न जाने कितने लोग थे
जो स्टेशन के बाहर की चीज़ों के रूप में खड़े हो गए थे
और मेरा भ्रम प्रबल हो रहा था देखकर इस दृश्य को
मैं यहाँ दुबारा बस जाऊँ
तो कम से कम विधानसभा निकाल ही सकता हूँ

अभी पुराने लोगों से
वास्तव में नहीं हुई थी मुलाकात
अभी उनके साथ मदिरा की महफ़िल नहीं जमी थी

अभी मैं स्टेशन के बाहर खड़ा था
और शहर में प्रवेश से घबरा रहा था

मुझे डर था
कुछ घड़ी के लिए सहलाया और दबोचा जाऊँगा इतना
कि मेरी पुरानी तकलीफदेह यादें
गल-निचुड़ कर मिट जाएँगी
और मैं वापस आऊँगा वहाँ से भोपाल
एक दूसरी और दिखावटी याद को लेकर।

एक ग्रामीण पशु मेले को देखकर

एक बैल दिख रहा था
मस्त भरे पुट्ठे का
लाल रंग से माँजे गए थे उसके सींग
डली थी गले में चित्ती कौड़ियों की माला
उसकी ओर गर्दन घुमाए कुछ दूरी पर बैठा था एक ऊँट

बात यह बैल को शायद जम नहीं रही थी–
क्यों नज़र लगा रहा है उसकी सुन्दरता को
एक रेगिस्तानी जन्तु!
उसने जतला दी अपनी चिढ़
करके ओं ऽऽऽ
कि ऊँट ऊँट कितना ऊटपटाँग!

ऊँट की आदत है
हर बात पर बा देता है मुँह
लेकिन उसकी जो लम्बी गर्दन है
प्रतिवाद से नहीं चूकती–
बधिया क्या जाने ऊँट का अर्थ
ले आते हैं लोग कहाँ से इन्हें हाँककर
अब रहा भी इनका कितना काम
न दंवरी में न जोत में
न गड्डा न गाड़ी...

बैल ज़रा तिलमिलाया जरूर
लेकिन उसमें भी एक अन्दाज़ था
हिलाकर अपनी पूँछ खनका दी चित्ती कौड़ियों की माला
जिसमें उजागर हो रहा था उसका रोमांटिक बोध-
सुनो, मेरे गले की घंटियों की धुन पर
गाँव की युवतियाँ अपने सपने रचती हैं
और हमारे कारण जो बनी है देश की आर्य संस्कृति
उसका क्या कोई जवाब हो सकता है

एक बक्कड़ की उछलफाँद से भी लग रहा था
ऊँट की गर्दन ज़्यादा बोल गई थी
और ऊँट के अर्थ में जैसे सचमुच कोई भारी दोष था
जैसे रेगिस्तान के अर्थ में होता है

ऊँट के मौन में झाँककर कहा जा सकता था
यह बक्कड़ कितना बकवास करता है
सारी घास चर गई थीं बकरियाँ
तब बना था रेगिस्तान
मिलती है इन्हें इसी बात की सज़ा
लोग रहते हैं बेताब
चट करने के लिए इनका भुना गोश्त

बेचारा बक्कड़ भी
एक चिक की आँखों में देख रहा था यह दृश्य

एक घोड़ा अकेला खड़ा था
और उसी की मुद्रा थी अकेली ऐसी
जिसमें देखी जा सकती थी
पूरे पशु मेले की गरिमा

हालाँकि घोड़े की कहानी ज़रा दुख भरी थी
उसके मालिक चल बसे थे कुछ दिन पहले
दुलारा पोता उस मालिक का
अब बेचने आ गया है इस मेले में
अपने स्वर्गीय दादा जी का घोड़ा

आर्यों के आगमन का यह शानदार प्रतीक
बड़ी मुश्किल से बिकेगा
इस ग्रामीण पशु मेले में

मुश्किल बढ़ रही थी धीरे-धीरे...
जिन पशुओं के कंधों पर ढोई गई थी इतनी बड़ी सभ्यता
नये लोग उनकी खूबियों को समझने से कतरा रहे थे

मेले की भीड़ से ज़रा किनारे
खड़े थे तीन-चार गधे
उनमें से एक ने घोड़े की ओर मुँह करके
रेंकते हुए कर दी अपनी तरफ से घोषणा
बिकेगा! बिकेगा!
सब कुछ बिकेगा
यहाँ नहीं तो सोनपुर के मेले में बिकेगा!

भेड़ें एक जगह इस तरह चिपककर खड़ी थीं
उनके लिए जैसे पूरी पृथ्वी पर
इतनी ही जगह तय की गई थी

कड़कनाथ मुर्गे ने बाँग दी
क्या करती हो भेड़ो!
थोड़ा तो फैल जाओ
एक आदमी-बच्चा की मुस्कान-भर सही

कि दिखे ज़रा कम
तुम्हारे गड़ेरियों की उदासी

मेले में गाय-भैंसों की थी भरमार
पता नहीं एक दुर्बल देश को कितना दूध चाहिए

एक काली गाय सरेआम प्रजनन में व्यस्त थी
उसके रँभाने में सुनी जा सकती थी
पूरी पृथ्वी की वेदना

बहुत ही सेवा-भाव से पुचकार रहे थे गइया को कुछ लोग
करते हुए यह कामना–
बछिया ही ले जनम

चित्ती कौड़ियों की माला पहने बैल को
एक पल के लिए अपना बधिया होना बुरा लगा
लेकिन लोगों की यह कामना उसे इतनी बुरी लगी
कि वह कुछ इस तरह भोंकारा-
आदमियो! अपने समाज में भी तुम करते क्यों नहीं
ऐसी ही कामना!

बैल की इस भोंकार से
गड़ेरिए, चरवाहे, चिक
जितने होंगे दूध और गोश्त के व्यापारी
सभी घबरा उठे

शायद उन्हें किसी भूचाल की ध्वनि सुनाई पड़ी हो
या अपना बधिया होना पड़ गया हो दिखाई

मेरी कविता भी थोड़ी मुश्किल में पड़ गई थी

आख़िर यह भी लिखी जा रही थी
एक आदमी की तरफ से
पशुओं की असली पीड़ा से बेखबर।

ढाबे

पहले राष्ट्रीय मार्ग शहर की ओर जाया करते थे
अब शहर राष्ट्रीय मार्ग की ओर जाता है
पहले राष्ट्रीय मार्ग के किनारे जहाँ इक्के-दुक्के ढाबे थे
अब राष्ट्रीय मार्ग पर भाव दिखाते वहाँ राष्ट्रीय ढाबे हैं

पहले ढाबे पर ट्रक-लारियाँ रुकती थीं
पहले ढाबे पर बरातियाँ नहीं सजती थीं
पहले ढाबे पर शादी-ब्याह का खेल नहीं था
पहले ढाबे पर सफर की थकान पहुँचती थी

अब शहर राष्ट्रीय मार्ग की ओर जाता है
अब छोकरे ढाबे पर मौज मनाने जाते हैं
अब बरातियों का भांगड़ा वहाँ होता है
अब लेखकगण ढाबे पर ढारते हैं

पहले ढाबे की भट्ठी में पेट की आग सुलगती थी
पहले ढाबे के करिखाए बासन में श्रम उबलता था
पहले ढाबे पर रोटी बेलती हुई लड़की कवयित्री बन जाती थी
पहले ढाबे के काउंटर पर बैठा छोकरा आलोचक हो जाता था

अब जो रंगरेली है शहर में ढाबे की ओर बढ़ रही है
अब जो हिंसा है शहर में ढाबे की भट्ठी में तप रही है

अब जो घृणा है शहर में ढाबे में पसर रही है
अब जो नींद है शहर में ढाबे में उचट रही है

पहले ढाबे जैसे छोटे-बड़े ढाबे थे
पहले ढाबे बेढब इतने कि ढाबे थे
पहले ढाबे शहर पहुँचने के पड़ाव थे
पहले ढाबे सड़क किनारे छोटे-छोटे घाव थे

अब ढाबे नहीं रहे तो जीभ पर स्वाद नहीं रहेगा
अब ढाबे नहीं रहे तो नशीली रात नहीं रहेगी
अब ढाबे नहीं रहे तो शान की बरात नहीं रहेगी
अब ढाबे नहीं रहे तो शहर के लोग घरों में लड़ेंगे।

स्वप्न कविता

बन्द पलकों के अँधेरे में
काले पर्दे पर मँडराती हैं
पीली नीली लाल परछाइयाँ...
मैंने उन्हें अपना प्रेत समझा–
कि ख़ुद को न पहचान पाने के
दुखदायी अनुभव के भीतर
नये सिरे से चीज़ें जन्म लेते दिखाई देने लगीं–
एक क्षण ऐसा कि मैं बाज़ार में कुछ खरीदने लगा
दूसरे क्षण आम के बगीचे मैं बैठ गया
तो तीसरे क्षण अपने हृदय में सुनाई–भर पड़ा
जैसे दुनिया–भर का चक्कर खाकर लौट आया हूँ
और दे रहा हूँ ख़ुद को
उम्र भर के गुनाहों का हिसाब
तभी किसी ने मुझे धकेला और चलने के लिए कहा
पैदल पाथ के घिसे हुए पत्थरों पर
आँखों के कोर का थका पानी
ओस की तरह टपकता रहा
एक अनोखी ही ध्वनि सुनाई पड़ रही थी
शायद संदेश था उसमें
कविता लिखने का
ऐसी ही कोई ज़रूर बात थी
क्योंकि जिनकी यादें मुझे सताया करती हैं

अब वे कई आकृतियों में दिखाई पड़ने लगे थे
कभी एक ईश्वरीय दूत की तरह
तो कभी घोर कपटी मनुष्य की तरह
और जो नाराज रहे मुझसे जीवन-भर
मुझे मतांध करारते हुए
उन्हें हँसते देखना अच्छा लग रहा था
नदियाँ जो मर गई थीं स्मृति में
ठोस वासना के गलने से
उनमें स्रोत फूट गया था
दो आँखों के रूपक में
दीख रहे थे
सभी नक्षत्र और तारे
एक क्षण के लिए आकाश से बड़ी लगी
यह पृथ्वी
जिसे मैं किसी अतल गहराई से देख रहा था
चाँद पर कोई छायाहीन पक्षी बैठा था
शायद उसी में थी
कविता की आत्मा
नहीं समझने का अभिनय हो रहा था जिसे
प्रगतिशील समाज में
मैं चिड़िया की छाया खोजने निकल पड़ा
और पहुँच गया जहाँ सभी वस्तुएँ जीवित थीं
और एक औरत थी
जो उघाड़कर स्तन
अपने जादू से मुझे मेरे शैशव में ले गई
एक पुराने गाँव की गलियों में
मवेशियों के खूँटों से बचता हुआ
अधनंगे बच्चों के साथ
मैं दौड़ता चला गया
लकड़ी के ऊँचे मचान पर चढ़ा

घुसकर पुआल में
खूब अन्दर तक धँसकर
ढूह से सर टकराने जैसा
खेलता रहा
और उछलकर हाथों को लहराते हुए एक बार
बाहर निकला
कि उसी आवेश में सच
मैंने नींद में करवट बदली
और पृथ्वी
जैसे दब गई एक तरफ
आराम से।

तीस जनवरी

पहाड़ों की सर्दी उतर आई थी मैदान में। कुहरे ने ली थी बूढ़ी आँखों की घटी रोशनी की जगह। मेज पर रखी थी एक किताब, जिसे 1848 में लिखा गया था। उसका लेखक अपने फ़ोटो में सफ़ेद दाढ़ी हिलाता ठिठुर रहा था। पढ़ा जा सकता था उसकी आँखों में उदासी से भरा प्रश्न–दुनिया के मज़दूर क्यों नहीं हुए एक? अचानक गोली की आई आवाज़, जो बिड़ला हाउस की सीढ़ियों पर चली थी। हे राम! देश को तो होना था एक! यह 1948 की बात थी, जिसे लिखने में फ़िलहाल कोई ख़तरे वाली बात नहीं थी। लेकिन वह वाक्य मैंने खो दिया था, जिसके सहारे पूरी दुनिया को एक कम्बल में लपेटा जा रहा था।

आदत के बारे में कविता

परिवार के बारे में बात करें आदत के बारे में लिखकर कविता।

पिता को जब देखो तो बात करते और माँ हरदम घर की सफाई करती है। बतियाने से भागते हुए हम घर गंदा करते चलते हैं। बड़ी बहन ससुराल से लौटकर मशवरों की क़तार लगा देती है जैसे उसके बिना घर के लोग नहीं सोचते थे। अगर मैं सोच सकता हूँ तो यह है कि किसी काम की कल्पना से भी पहले उसने उसका विकल्प प्राप्त कर लिया है।

एक दिन यह कहते ससुराल जाती है बहन कि हम सुनते नहीं। एक भाई को सच में नहीं सुनने की आदत है और उसे सब बुरा लगता है। दूसरे भाई का दावा है कि उसकी कोई आदत नहीं है। बच्चे कितना क्या करते हैं, किसी का ध्यान जाता है कुछ टूटने पर। मैं कभी चुप ऊबता तो कभी ज़ोरदार दखल देता। चुप रहने पर पत्नी ज़ोर देती है बोलने के लिए, बौखला उठता तो चुप करती है।

एक बात है। घर के बाहर क्या हो रहा है घर के लोगों की आदतों से मालूम हो जाता है।

साँची : एक कवितावृत्त

भोपाल से गए साँची
कवि केदारनाथ सिंह के साथ

आसान है भोपाल से साँची पहुँचना
खराब सड़क पर भदेस ड्रायवरी करते हुए
कहा विजय बहादुर सिंह ने

आसान है साँची का तोरण
भारतीय मुद्रा पर भी
इसलिए जेब-बटुओं में भी है
साँची

केदारनाथ सिंह साँची में कुशीनगर खोजने लगे

मैं क्या करता साँची में
लेकिन वहाँ मैं देखा जा सकता था
न करते कुछ
इसलिए एक मधुछत्ते को देखने लगा

मधुछत्ते के बिना साँची भोपाल है
और भोपाल तो उसके बिना
छक्कों का शहर

भोपाल के नेपथ्य में है साँची
साँची के नेपथ्य में है कुशीनगर
कुशीनगर के नेपथ्य में है बोधगया
और कपिलवस्तु
सबके नेपथ्य में है
यह मधुछत्ता

मधुछत्ते में एक ऊँचाई है
उस ऊँचाई पर है साँची
एक स्तूप में दुबका हुआ
मधु अग्नि में जलता

संग हो गई हमारे
साँची में
एक लड़की विदेशी
स्कॉटलैंड से आई
नाम है उसका जूलिया
पुरातत्त्व की शोधार्थी
रहती यहीं है कुछ दिनों से

मैंने कहा मज़ाक में उसे–
सुजाता

एक हस्तक्षेप हुआ–
इसमें संदेह है कि कोई सुजाता थी
इस हस्तक्षेप पर भी हस्तक्षेप हुआ–
इसमें संदेह व्यर्थ है कि कोई सुजाता नहीं थी
कोई दिव्य खीर भले न रही हो

यह तो और बुरी बात हुई

बिना दिव्य खीर के
सुजाता

सुजाता दिव्य खीर होती है
दिव्य खीर सुजाता होती है

और जूलिया?

साँची में जूलिया एक मधुछत्ता है

चारों ओर उँगली घुमाकर
बढ़िया अंग्रेज़ी में बताती है जूलिया–
दूरस्थ पहाड़ियों के शुरू होने तक
सुरम्य तराई में
सोता है साँची

साँची सोता है
दिन में भी?

हाँ, यह दिन ही तो है–
हँसती है जूलिया

क्या साँची में रात नहीं होती?
याद नहीं पूछा मैंने या केदारजी ने
और जूलिया ने मुस्कुरा दिया
जैसे रात सचमुच नहीं होती

अगर साँची में रात होती
रात में क्या करती जूलिया बेचारी

साँची और रात से एक साथ
कोई लड़की कैसे रिश्ता रख सकती है

रात साँची के नेपथ्य में है
यह मालूम है विजय बहादुर सिंह को
इसलिए वे विदिशा में रहते हैं
हमें भी लौटना था साँची से
भोपाल में रात होने से पहले

चलते-चलते लगभग...
लगभग चीख़कर कहा मैंने-
जूलिया! स्वदेश जाना तो
थोड़ा मधु लेते जाना
और कहा मधुछत्ते को धीरे से
केदारनाथ सिंह की कवि-करुणा को लक्ष्य करके-
साँची से साँची जा रहा है

मंदिर ने स्तूप से कहा
स्तूप ने तराई से कहा
तराई ने हवा में छोड़ी गई साँस की तरह बढ़कर
नदी बेतवा को कहा

साँची से साँची जा रहा है
मत रोकना
इच्छा तथागत की

साँची कुशीनगर से आगे नहीं जाएगा।

मोक्षधरा*

देर रात मैं रेलगाड़ी से उतरा और पारपुल की तरफ बढ़ने लगा। इस मोक्षधरा में आकर मेरे लिए अवसर था पारपुल का सबसे अच्छा अर्थ खोजने का। दूसरी दुनिया में जो आसरा दिलाता हो कि जीवन को पार कर जाने का पुल। यह बहुत ही ख़ास पारपुल है। नरक के उस पार पितरों को पहुँचाने के लिए न जाने कितनी जगहों से आए लोग इस पर चढ़कर तेज़ी से उतरते हैं। रिहर्सल कर रहे हों जैसे वैतरणी पार करने का।

दूसरे खयाल से–
विक्रमादित्य के कंधे पर
लटकता हुआ बैताल है

नगर का कोई रोचक किस्सा सुनाकर
राजा के जवाब से सन्तुष्ट
अब उड़ा कि तब उड़ा

कई घोड़ों की
टापें सुनाई दे रही हैं

बारिश का पानी टपक रहा है...

आकाश थोड़ा–थोड़ा टपक रहा है
नरक थोड़ा–थोड़ा टपक रहा है

* पितृमोक्ष कर्मकाण्ड के लिए प्रसिद्ध नगर : गया

यमराज की सेना गुज़र रही है...

मृत्यु के बाद के जीवन पर मैं विश्वास नहीं करता और न ही जीवन को मृत्यु से कम करके आँकता हूँ। इस पारपुल पर चलते हुए अनुभव कर सकता हूँ जीवन कोई कम प्रेत नहीं है।

2

सीढ़ी से उतरा तो
चलते मुसाफ़िरों के आजू-बाजू
न जाने कितने लोग फर्श पर लेटे थे
कुछ थे जो बैठे ऊँघ रहे थे
एक स्त्री सटकर इस तरह मरद से सोई थी
कि सृष्टि की रचना के पक्ष में
बेमौके कुछ हो सकता था

एक देह दूसरी देह का स्पर्श करती है। यह देखना भी दूसरी देह के स्पर्श का अनुभव है। पानी में भीगने जैसा अनुभव, आग में जलने जैसा अनुभव, अंतरिक्ष में खो जाने जैसा अनुभव। देह एक अनुभव है और अनुभव की मुक्ति देह के मुक्त हो जाने के बाद भी नहीं होती।

पितर
हमारी देह में
देह-मुक्त अनुभव हैं
हमारी देह में
देह-मुक्त देह हैं

गाड़ी की तेज़ सीटी बजी
डिब्बों में बंद देहें सरकने लगीं

इस तरह-

अनुभव सरक रहे थे
बंद देहों में
बंद सूटकेसों में

बंद देह में अनुभव सरकते हैं। बंद देह में देहें सरकती हैं । काव्य-अनुभव की तरह। सच तो यह है कि देह के जनमने और देह के खो जाने में छिपा है कविता का खुलापन और उसके छंदों का बंधर्न।

3

मद्धिम उजाला था स्टेशन के बाहर
मद्धिम कराह थी स्टेशन के बाहर

मेरा पुराना परिचय है इस नगर से
यहाँ बिजली हाथी पर चढ़कर आती है
और घोड़े की गति से भाग जाती है

किसी पुरानी जगह पहुँचो और कुछ नहीं बदला दिखाई दे तो एक उम्र में दो उम्र जीने का अनुभव होता है। स्टेशन के ठीक सामने अजातशत्रु होटल था। अजातशत्रु होटल है स्टेशन के ठीक सामने। इसके कमरे में कभी मैं ठहरा था। आज भी ठहरा हुआ हूँ इसके कमरे में। एक स्त्री को इसके कमरे में कभी मैंने स्पर्श किया था। अभी उस स्पर्श का स्पर्श कर रहा हूँ।

यादों के खेल में
इस रात
नगर खिल रहा है

रात हाथी की तरह है जिस पर सवारी करके मैं नगर-भ्रमण करता रहा। क्षितिज पर रोशनी ने जब सिर उठाया कर्कश आवाज़ें गर्दन पर अंकुश की तरह गड़ने लगीं।

बहुत बूढ़ा नगर है
रुक-रुक के चलता है
झुक-झुक के चलता है
नाली-कुचाली पर चलता है
फल्गु की रेत पर चलता है
विष्णु के पद-पैरों से चलता है

नगर के बीचोबीच भिखारी के पेट की तरह पिचका हुआ मैदान है गाँधी जी के नाम से। बड़ा-सा। बड़ा नहीं, बड़ा-सा। किनारा इसका कूड़े-कचरे से दब गया है। गन्दगी जगह-जगह लोग कर गए हैं। देश में जो गाँधी के साथ हुआ है, वही इस मैदान के साथ हुआ है।

रिक्शों की कड़पड़ आवाज़ें
कह रही हैं   हस्तक्षेप नहीं

जीना है इस नगर को
इसी तरह
हमेशा
हमेशा

यह मोक्षधरा है
इसका अपना कोई मोक्ष नहीं है

आगे मुझे कुछ सुनाई नहीं देता और कुछ याद भी नहीं आता। स्मृतियों पर जैसे ताला डल गया और चाभी कहीं गिर गई। जीते-जी जैसे मोक्ष पा गया। मोक्ष स्मृति से मुक्ति में है।

4

नगर से अधिक
नगर का खंडहर मिला

मृत्यु पीठ पर लादे हुए
रेंगते राहगीर मिले

काई-छपलाए
पोखर और कुंड मिले
पितरों की मुक्ति के वास्ते
पंडों के झुंड मिले

नगर क्रमशः
पुराना और
उससे अधिक पुराना हो रहा था

अनुभव हुआ
अपनी ही देह के
सँकरे रास्तों से गुज़र रहा हूँ

पंचमहला में सूरज डूबा हुआ है। सूरज शायद आधा ही उगा है। अजाने-बेजाने जा रहे हैं। पंडों की बीवियाँ झाँक रही हैं। बच्चे जजमान-जजमान चिल्लाते हुए भीतर जाते हैं। मृत्यु काम की चीज़ है, हवा में इसकी गंध है। मैं मरा नहीं हूँ लेकिन कभी मरूँगा। इस बात में जो दम है, यहाँ की दीवारों को गिरने से बचा रखा है।

जहाँ जाना है
वह दीवारों की ओट में है

जहाँ जाना है
जगह नहीं
किस्सा है
मन का अजब
हिस्सा है

औरों के पैरों को नापते-नापते
चल रहा हूँ

नगर है यह
उस गयासुर के नाम से
स्पर्श से जिसके
आदमी स्वर्ग पाता था

एक बूढ़ा साँड़ गली में जमकर बैठा था। भोग से अंततः थका था। भय नहीं बचा था। भागना अब कहाँ था! उसकी बगल से मैं ही भाग के निकला। मोक्ष अगर जीवित काया में दिखे यही होता है।

काया का अर्थ
भोग है
भागना है
भय है

भय से ज़रा-सी बेफिक्री हुई हँसना शुरू हुआ। पास से भय के हटते ही आदमी गाने लगता है। अपनी अनुपस्थिति से भय काया को न जाने कितने खूबसूरत काम सौंपता है। कभी उसकी अनुपस्थिति ही काया में राक्षस की जान डाल देती है।

अनुपस्थित भय के
इन दोनों अर्थों से-
कथा जो बनती है-
एक राक्षस मुक्त हो गया था

वह गयासुर था
गली में जमकर बैठे
इस साँड़ की तरह

नगर के दक्षिण में कोलाहल पर्वत है। घोर तपस्या की थी गयासुर ने उस पर बैठकर और वरदान पाया था कि उसके स्पर्श से प्राणियों को सीधे स्वर्ग की प्राप्ति होगी। जो कोई मिला गयासुर ने उसे छुआ, गले लगाया। खाली होने लगा नरक। देवताओं के विधान का अपमान था नरक का खाली होना। ब्रह्मा ने यज्ञ के निमित्त गयासुर से उसकी पवित्र देह माँग ली। विशाल शिला रखी गई देह पर। उस पर अग्निकुंड।

धू-धू जल रही थी
अग्नि
काँप रही थी देह
गयासुर की
काँप रहा था
ब्रह्मांड

नाभि के समीप की शिला पर विष्णु ने अपने पाँव रखे। जिस काया को कभी भी भय ने नहीं सताया, उसने दम तोड़ दिया।

तीन लोकों का भार
नाभि पर
बड़ा इससे
दंड का
अब तक नहीं देखा गया
कोई विधान

धिक् स्वर्ग लोक!
धिक् उपरान्त जीवन!

5

मैं अपने पितरों का ध्यान करता हूँ
स्वर्ग में नहीं

कारावास में बुदबुदाते दिखाई देते हैं–

मृत्यु टपकी नहीं

आकाश से जितनी
पृथ्वी के सूरमाओं ने
गर्दनें उससे अधिक उड़ाईं

मरे नहीं हम
मारे गए
वफ़ा के नाम
तारे गए

देश अपना
मिला नहीं

न मार्क्स मिला
न गाँधी मिले...

मैं अपने पितरों का ध्यान करता हूँ
किसी देवता के रूप में नहीं
गयासुर के रूप में दिखाई देते हैं।

6

जीवन मिला
और नहीं मिला

रास्ते मिले
रास्ता मिला नहीं

स्त्रियाँ मिलीं
स्त्री कहाँ मिली

दोस्त मिले
भरोसा मिला नहीं

आते-जाते पैरों से दब-दबकर
फल्गु की रेत के नीचे
बह रहा है पानी

देह और दुनिया में
दब-दबकर चल रहा हूँ

आकार मिला
फल्गु को
नदी का
पानी लबालब
नहीं मिला

फल्गु नदी है
और रेत का एक प्राचीन मैदान है
मृत्यु के चिह्न इसमें
धड़कते रहते हैं

मृत्यु
एक सूक्ष्म धड़कन है
एक सामूहिक आत्मा है

आत्मा है और उसका वर्णन नहीं हो सकता
आत्मा नहीं है और उसका वर्णन नहीं हो सकता

इसलिए
उसका मोक्ष उचित है

राम यहाँ आए थे दशरथ को पिंडदान के लिए सीता और लक्ष्मण के साथ। ब्राह्मण देवता उपस्थित किए गए। दान के लिए गाय लाई गई। लाना भूल गए थे बाकी सामग्री। दोनों भाई वापस गये। तभी मेघ गरजे और आकाश में दशरथ के हाथ दिखे। मोक्ष की बेचैनी थी। मुहूर्त्त शुभ बताया और सीता से पिंडदान की याचना की।

सीता
जो स्त्री थी
दशरथ ने उसमें कुल अपना समेट लिया था

यह ज्वलन्त क्षण था
स्त्री के लिए

दूध, गुड़, घी, तिल कुछ भी नहीं था। सीता ने रेत का पिंड ब्राह्मण फल्गु गाय और वटवृक्ष को साक्षी मानकर दान में दिया। आत्मा ने स्वीकार किया। लेकिन लोक लकीर का फकीर ठहरा। सीता का तरीका यह उसे सही नहीं लगा। साक्षी मुकर गये राम के आगे। वटवृक्ष को छोड़कर। एक क्षण मृत्यु ने सीता को छू लिया। माँ जैसी बरगद की छाया के नीचे चेतना लौटी। जुबान गूँगी हो गई थी। दिल की आवाज़ दबी नहीं।

यह नहीं कि ब्राह्मण को दान नहीं मिलेगा
बात यह है कि भूख नहीं मिटेगी
नदी कहाएगी नदी ही
बस पानी नहीं रहेगा
गाय खूब दुधाएगी
मान में कोई कमी नहीं होगी
शिशु भूखा रहेगा

इतने वृक्ष हैं
आसपास
धरा की सबने
थोड़ी-थोड़ी लाज रखी है
लेकिन वटवृक्ष की बात और है

झुलसते आकाश के नीचे
बड़ी-सी छतरी

अक्षयवट कहा इसे
सीता ने

संसार है यह
जिससे बहुत कुछ गायब हुआ
जिसमें बहुत कुछ मर गया
सिवाय इस
वटवृक्ष के

सीता का जबसे इसने मन जीता है
सबके मन की बात
पूरी करता है

आगे इसके
आज
खड़ा हूँ

क्या माँगना है
नहीं पता है

मेरा 'मैं'

गायब हो गया है
मेरा 'मैं'
मर गया है

यह जो मेरा 'मैं' है बिना मरे भी गायब हुआ है
यह जो मेरा 'मैं' है बिना गायब हुए भी मरा है

मेरा 'मैं'
अन्त:सलिला-
फल्गु है।

7

लेकिन। लेकिन। माँगना तो पड़ेगा। न माँगने का हठ ड्योढ़ी पर बैठे उस बूढ़े की तरह है, जो जानता है जीवन वह जी चुका मगर मृत्यु माँगने से कतराता है। हठात् वह मर जाए तो कोई यह भी कह सकता है ड्योढ़ी पर बैठे-बैठे मृत्यु ही तो माँगा करता था।

कुछ तो-
अक्षयवट तक आया हूँ-
माँगना पड़ेगा

कमला प्रसाद जी
कमला प्रसाद जी

उठिए
वसुधा के सम्पादक

मृत्यु के हाथों होना है
जीवन की पत्रिका का सम्पादन
अन्तिम पृष्ठ पर

सम्पादकीय लिखा जाना है

उससे पहले
उससे पहले
सम्पादक आप हैं

उठिए
मार्क्सवाद–अंक निकालना है

बहुत अंधकार है
बादलों के हाथ में मगर
बिजली की तलवार है

खूब

मार्क्स की दाढ़ी में
अक्षयवट दिखाई दे गया
अरुणा शानबाग की बेहोशी में
सीता दिखाई दे गई

साथ छोड़ गए मित्र दिखाई देते हैं। अधूरी कविता दिखाई देती है। किसानों की रुलाई दिखाई देती है। दिखाई सब देता है। मृत्यु कहीं नहीं दिखाई देती है। क्योंकि उसकी कोई देह नहीं वह केवल अर्थ है।

उस अर्थ को
और ही अर्थ में
बदल सकें

देह नई रच सकें
'मैं' नया रच सकें

बेघर घूमते हुए
अपनी इस झोली में
दुनिया समेट सकें

एक 'मैं' में
नहीं वह समा सके

देह नई रच सकें
'मैं' नया रच सकें

भय नया रचें। चाहत नई रचें। दोस्ती नई रचें। लड़ाई नई रचें।

व्यर्थ जीवन, पर
मृत्यु व्यर्थ जाने न पाए।

8

कुंड और वेदियों से गुज़रते हुए कि चढ़कर ब्रह्मयोनि पर्वत पर पुराना डर फिर से सताने लगा। एक स्पर्श को मन में नया करते हुए उस पर लगाम दिया। मुड़ गया दक्षिण दिशा की ओर। बोधिवृक्ष के आगे जाकर खड़ा हुआ।

गिरगिट जैसी
किसी आत्मा में नहीं
देह में रहना चाहता हूँ

देह के बाद भी
देह जैसी
देह चाहता हूँ

जैसे कि
इस वृक्ष के नीचे की

छाँव है

जगह मिले
रूप मिले

बुद्ध की इस प्रतिमा का
रूप मत मिले
इन घंटियों की गूँज में
रह तो सकता हूँ

रह तो सकता हूँ

जैसे कि टूटी हुई दोस्ती की पुरानी कोई याद बनकर। जैसे कि बड़े हो गए बेटे से संवाद बनकर। जैसे कि कमजोर की करुणा और उदासी बनकर। जैसे कि। जैसे कि।

कवि की ज़िद बनकर...

पिलाकर पव्वा
पुरस्कार न पाऊँ

जगह मिले
रूप मिले

हर रोज़
किसी चिता में
जगह मिले

अग्नि का
फड़कता हुआ

रूप मिले

मृत्यु मिले
मृत्यु मगर
दिखे नहीं

चलो पारपुल पर चलते हुए वैतरणी पार करने का स्वाँग रचें। हाथ दोनों मन में उठाकर अपने अन्दर की रिक्ति का पिंडदान करें। समय की कई दिशाएँ हैं और दुगुने उनसे रास्ते। दूरी और देरी बेकार की बातें हैं। चलो।

सब कहानी है, मगर
फल्गु में रेत के नीचे
पानी है।

मैं खो गई वस्तुओं को खोजता हुआ

1

मैं खो गई वस्तुओं को खोजता हुआ...

कुछ है कि उसके गुम जाने से
खो गई कई-कई वस्तुएँ याद आती रहीं
मेज़ पर घड़ी पुरानी उसमें समय नहीं
बहुत-सी किताबें जिनमें लिखा है :
पूरी तरह लिखा हुआ यह सच है
लेकिन सच तो यह है
इस लिखे पर कोई नहीं करता अब यक़ीन

ओलों की तरह नई वस्तुएँ गिरेंगी
तो भी आकर्षित होने का नहीं होगा कोई उपाय
मैं समय की ज़रूरत से बाहर निकल जाऊँगा
रोशनी की ज़रूरत से वस्तुएँ बाहर निकल जाएँगी
अँधेरे की ज़रूरत पानी की तरह पड़ेगी
नमक के बिना हो जाएगी आदमी की देह
और नहाना नहीं पड़ेगा किसी को

मैं अपने चेहरे पर हाथ फिराऊँगा
और चेहरे को हाथ काठ की तरह लगेगा
टूटे हुए पत्थर की तरह लगेगा चेहरा

खो गईं वस्तुओं के बिना मैं इतना अकेला हो जाऊँगा
कि औरत का अर्थ मालूम करने के लिए
इनसाइक्लोपीडिया की मदद लेनी होगी
बच्चे को छुऊँगा वह राक्षस में बदल जाएगा
और नहीं लगेगा मुझे डर

मैं भूल जाऊँगा खो गईं वस्तुओं को
मैं भूल जाऊँगा खो गईं वस्तुओं के नाम
इसलिए मैं डर को भी भूल जाऊँगा

2

कल तक डर था वस्तुओं की शक्ल में
रस्सी में साँप का भ्रम था
भेड़िया भाषा में डर का प्रतीक था

वह बहुत मौन था तो भी देता था दिखाई
हमारे रोमों में था उसका अहसास
हर काम में देता वह सुनाई
कि सौ बार सोचते थे हम
यह करें कि न करें
दबाते हुए प्यार का हाथ
रो देते थे झूठमूठ!

पागल हो जाते थे सोचकर
कि डर था अपने अन्दर
और डर यह भी था

वह दिखाई न दे
चूहे की शक्ल में...
जबरन हँसते थे

हँसते थे!

डर पर करना पड़ता था विश्वास
जहाँ डर नहीं वहाँ शक था
जहाँ शक नहीं वहाँ मूर्खता थी
जिसे भेड़ों ने ऊन की शक्ल में ओढ़ रखा था

सबसे बड़ा अन्त का डर था
इसलिए डरावनी वस्तुएँ भी डरती थीं

डर की परछाईं से
वस्तुएँ सुन्दर हो जाया करती थीं

3

हमारे विश्वास से जर्जर वस्तुएँ नई हो जाती थीं

हम हस्ताक्षर कर देते थे उन पर
बिना उन्हें अपना बनाए

हमारे छूने से अमरूद की टहनियाँ
थोड़ी लचीली हो जाती थीं
वस्तुओं के हज़ारों रूपकों में
हम दिखाई देते थे

अन्न था मधु था फूल थे
और आग थी कि हमें अपने पर गर्व था...
हम न खाते थे न पीते थे
तो भी तृप्त हो जाते थे

हाँ रूप था इन्द्रियाँ थीं

तेज और यश था
रति थी...
हम उदासीन होकर उल्लसित हो जाते थे

नदी के सूख जाने पर भी नदी थी
सूर्यास्त के बाद भी सूर्य था
और वह थी जिसके लिए लिखी जा रही
यह कविता।

4

मैं घूमता हुआ पूछता हुआ :
एक थी सीता नाम था सीता
पपीतों-सी कुम्हड़ों-सी
अमरूद की टहनियों-सी
एक थी सीता

चन्द्रमा के प्रकाश में ओस नहाया चेहरा
भरी दोपहर में भी देखो तो...

उसे देखो तो
अन्न में भर जाता स्वाद
पेड़ लगता पेड़ से कुछ बढ़कर
तेज लू का होता नहीं ज़रा भी असर
सीटियों की तरह हवा बजती मधुर...
वस्तुएँ पहुँच से बाहर की
दिखाई देतीं एकदम हाथ में आती

उसे देखो तो कोई भी वस्तु नई हो जाती
पानी की तरह नमक की तरह...

वह एक भरी हुई देह में थी
पत्तियाँ जैसी घास जैसी
मवेशी की लार-जैसी
लरजती कि घाव दिल के
सिरजती हुई...

दो एक फुंसियाँ थीं गाल पर
उनमें मेरी सुर्ख इच्छाएँ दमकती थीं

मैं जिस्म की धार से कुट्टी-कुट्टी काटा जाता था
हाँ सीता में मेरा क्षय था
क्षय था...

सीता मृत्यु का संदेश थी
बहुत प्यारी

अब खो गई वस्तु।

5

जब तक रो सकती हो रो लो खो गई वस्तुओ
रो लो मेरी स्मृतियों के आईने में
जी-भर

लद चुका
हाँ लद चुका है अब
किताबों में मोर पंख और
फूलों की पंखुड़ी रखने का जमाना
लद चुका है नारों का जमाना
लोरी और कविता का जमाना

बूढ़ी पृथ्वी की छाती में अब
दीमक और
चींटियाँ भर जाएँगी
कोई जगह खाली नहीं रहेगी
ज़रा से चुम्बन के लिए

उदासी मुझे नहीं घेरेगी
फिर क्यों मैं भागता फिरूँगा सीता के पीछे

मेरी हड्डियाँ ज्यों अब पुरानी शिलाएँ हैं
टूटती हुईं...

कोई कहे न कहे
प्यार जीवाश्म बनकर
रहे तो रहे...

किसे पड़ी है सूने में बैठकर
आकाश की गहराई बतियाए
मैं छींक-छींक कर परेशान होऊँ
और वह रूमाल बढ़ाए

छल का कोई विकल्प नहीं होगा

न पानी न नमक
न कोई ईश्वर
कुछ नहीं होगा शुद्ध कि सत्य
न प्यार न कोई विचार

नमक और पानी का भी अर्थ
माना जाएगा छल!

6

और नहीं होगा कोई उपाय
सनक जाऊँ...
सनक जाऊँ कि जो अब पागल नहीं
आदमी नहीं

सनक जाऊँ इस तरह सँजोकर हृदय में
खो गई वस्तुओं का लेखागार
पुरानी कहानी किसी राजकुमार की पढ़कर
कि खोलकर स्मृतियों के सारे दरवाज़े
उल्लसित हो जाऊँ इतना
कि दौड़ पड़ूँ...

सहस्त्र छवियों के भ्रमजाल
रहें अपनी बला से
शब्द ही आईना है...

अभी तुरन्त
कुछ बोलते हुए
दौड़ पड़ूँ
और लिपट जाऊँ मौसम से
बरसात से
लू से ठंड की रात से...

निकलना है मुझे
रोशनी के सुई भर छेद से
और हाँ अन्त में पहुँचना भी तो है
सीता तक।

इच्छा

1

तुम्हारे जिस्म के जादुई कालीन पर
मैं उड़ूँ
पृथ्वी को सिरहाने रखकर।

2

चाँद पर बैठकर
मैं रोऊँ
पृथ्वी की ओर मुँह करके
जैसे अभी रात में
रो रहा है कोई पागल
आवारा कुत्ता।

बारिश की बूँदों की तरह

1

विचार
किसी उदास समय में
मकड़ी की तरह लटकते दिखाई पड़े
मकड़जाले की टूटी हुई डोरी से

इसी तरह अक्सर कई वस्तुओं से
निकलते दिखाई पड़े

छोटी-छोटी वस्तुओं से
और बहुत खराब थीं जो
उनसे भी...

न जाने कैसे-कैसे छिद्रों से
रिसते रहे
रिसते रहे और
टकराकर हममें से किसी चीज़ से
दिखाई पड़ते रहे

अन्न और मृत्यु दोनों की सूरत में
ईश्वर की सूरत में नरक की सूरत में
माया जो मेरे चेहरे पर थूककर भाग गई थी
उसकी सूरत में

निकलता रहा मैं भी
उदास समय के
विचार की तरह
रिस-रिस कर
अपने पैरों से
अपनी जाँघों और कमर से
अपने हाथ और अँगुलियों से...

निकलते हुए
उन सब जगह एक सुन्दर खोपड़ी
रखता गया

ताजे नीबू और अपनी आदम गंध में
मैंने सूँघा-
विचार थे
पसीने की तरह

मैं उन्हें तेजाब की तरह पीता रहा
वे धूप के जाले की तरह दिखाई पड़ते रहे

वे बहते रहे पानी की तरह
मैं उन्हें नमक की तरह बचाता रहा
और धोखा खाये दिनों में
सूखी रोटियों पर रखकर
चबाता रहा

रक्त में लाल सफ़ेद घोड़े उनके
दौड़ते रहे...।

2

हर्ष कि दु:ख की तरह
वे एक नहीं
एक में
एक और एक हैं

जैसे समन्दर की सारी बूँदें
एक समन्दर हैं
जैसे मेरी सारी इच्छाएँ
एक इच्छा हैं

एक इच्छा यानी जहाज की तरह
तो सूखी हुई नदी की भी तरह

एक इच्छा यानी
स्त्री में सन्देह की तरह
पुरुष में अपराध की तरह...

स्त्री के हाथ में
दर्पण की तरह
जहाँ पुरुष बिम्ब
पारे की तरह
फिसलते हैं
और आख़िर तक
झाँकती रहती
स्त्री

एक इच्छा यानी
माया की तरह बेसब्र
और मेरी तरह झुँझलाई हुई

लौटती लहर की तरह
इच्छाएँ टूटकर
जुड़ जाती हैं
फिर से

इच्छाओं के घाव पर
करुणा के टिंचर आयोडीन से भीगे
रुई के टुकड़े की तरह वे

पृथ्वी के समझदार लोग
धुनकिया और बुनकर की तरह हैं

वे खूब धुने गए
और दुनिया की सुन्दर देह के लिए
कपड़े की तरह बुने गए

वे बहुत मौन थे मगर
पत्थर पर तट के
पानी के शोर की तरह
हँसते सुने गए

चुम्बन चटकार में सुने गए
हाँफ और कराह में सुने गए
ख़ामोश सपनों में
बच्चे की साँसों की तरह
सुने गए

मैंने अपने रक्त रन्ध्रों में सुना
डरी काँपी आवाज़ की तरह
और कई-कई मुद्राओं में ढलकर

जुड़ा मैं माया से
निर्भीक

मैंने अपनी हड्डियों में सुना
पकी हुई फसल की तरह
बजते
और बिजूके की तरह मैं
खड़ा हुआ।

3

माया भाग गई थी मेरे चेहरे पर थूककर
उसका इन्तज़ार रहा मुझे

मैंने उसे प्यार देना चाहा था
कविता में भरकर
उसके एक-एक तिल पर
अपने होंठ देखे थे
धूल में से झाड़कर ख़्वाब निकाले थे
एकदम जीवित
लेकिन थोड़ा दुर्भाग्यपूर्ण

नई यात्राओं पर चलना चाहा था उसके साथ
बौछारों से निकलते हुए
मृत्यु तक की गिनती साँसों में भरकर
चलना चाहा था
अपनी अँगुलियाँ नाखून जीभ और दाँतों में
उसे दबा और बचा लेना चाहा था
मैं गिरता रहा पाताल तक
उसे सँभालते हुए...

माया! तुम्हारे थूक से मैंने अपनी आत्मा की
पॉलिश की है

जब मैं सत्य के एक क़तरे के लिए मोहताज था
तुमने मुझे सब कुछ दे दिया
सब कुछ हाँ

स्मृतियों के कोटर में बन्द रखा तुम्हें मैं
और सब कुछ के बीच से निकलता रहा
कुछ घृणित थे जो
क्रोध में पिनपिनाते हुए
उन्हें भी खूब प्यार किया

तेरा मुकुट था तेरा राज था
कि जितनी जगह खाली थी उतना अवसर था
सुन्दरतम विचार
भर जाने का।

4

अकथ वेदना में रोते हुए
पागल कुत्ते की तरह
कटती नहीं जब रात...

सब्र की हद से गुज़रते हुए
फट जाएँ
फट जाएँ मेरे दिमाग़ की सारी नसें
टूट जाएँ दिल के
रेशे और तार...

कल न कहे कोई

मैं कायर बुद्धि का खाता था
न कहे कोई मैं ईश्वर की इच्छा का खाता था

रोज़गार के लिए भटकते हुए
वस्तुओं से मैं टकराता था
विचारों के पास
लौट आता था

वेदना और बुद्धि के बीच
किरिच की तरह वे

मैं बिंधता रहा
जनम लेता रहा...

जेठ की आग में जला
धू-धू आकाश तक
पके आम की तरह
लीची की तरह
वे लौटते रहे
बार-बार
बारिश की बूँदों की तरह।

पुरुष प्रतीक था

1

पुराने पाषाण पर
वह बैठा हुआ...

हज़ारों साल की धूप में तपा
ज़मीन के कई-कई हिस्सों की
धूल में खपा, लेकिन
बारिश उसे छू नहीं सकी
हालाँकि अपने भीतर
वह संसार का सबसे बड़ा जंगल था
और यह भी कोई किस्सा नहीं
सारी नदियाँ उसकी जाँघों से निकली हैं

चाहता है हाँ
कि रहता है वह
अक्सर आगे
समय और घटनाओं के
इतनी बिजली हाऽ कहा न्
बारिश उसे छू नहीं सकी
कुछ स्त्री-प्रेम के मौकों को छोड़कर

अपने प्राचीन यौवनदर्प में
पाषाण पर बैठा पाषाण...

प्रचंड कठोर पृथ्वी की
किसी भी हक़ीक़त से
सभी क़िस्सों का क़िस्सा...

उसने साबित किया
उसने साबित किया कि सारी नदियाँ
उसकी जाँघों से निकली हैं...

क्या तुम पुरुष नहीं
तुम अनुभव नहीं करते
अपने भीतर से बह गई किसी नदी का?

2

कोई भी हो कथा पुराण
वह पैदा तो हुआ नहीं
स्त्री के रोने से

शुद्ध बुद्ध मुक्त वह
एक ऊब थी बस
जिसने उसे जना था

ऊब थी
इसलिए युद्ध था
इसलिए स्त्री-प्रेम था
इसलिए वानप्रस्थ था
संन्यास था

उसके सब के सब किस्से
ऊब मिटाने के लिए
वह पुरुष बना हुआ

ऊब में
और नहीं सुनाई पड़ता उसे
स्त्री का रोना

ख़ुद को सुनता
ख़ुद से प्रश्न करता–
नहीं पहचानते?

ख़ुद को सुनाता है
कितनी–कितनी स्त्रियों में प्रवेश करते हुए
शब्द
अर्थ
रस...

वह लिंग एक
क्या उतारा जा सकता
कविता में सेकुलर
है कोई भाषा
जो उसके बोलने से नहीं?

3

पसलियों में झाँक रहा वह गड्ढा
जहाँ से खोदकर निकाली गई थी स्त्री

वह मीठे फलों के लिए पुचकारता स्त्री को
स्वर्ग से धकेले जाने की हद तक
और उसके पीछे रोती चली आती स्त्री

कन्धे से
आदिम युद्ध के घाव का निशान मिटता नहीं...

लड़ते हुए वह मरता
स्त्री रोती है
यों भी वह मरता
स्त्री रोती है

स्त्रियाँ उस पर रोने के लिए पैदा हुई हैं
जैसे उसकी पीठ स्त्री के बिना दुखने के लिए बनी है

दुखती हुई पीठ को लिये
वह दौड़ा
जहाँ-जहाँ पृथ्वी है
जहाँ-जहाँ सागर है
जहाँ-जहाँ पर्वत और मरुस्थल हैं
और कसती रही उसकी जंघाओं में
स्त्री

उसके किस्सों के काग़ज़
स्त्रियों के आँसू से चिपके हैं
गोया गोंद से।

4

चुनता वह अपने लिए
मोटी आवाज़ छोटे केश
सुर्ख भारी आँखें और
ठहाके, अश्लील गप को
फैलाते

चाहता हाँ कि करता है वह
दया प्रेम वासना
कि करता है ईर्ष्या

दया प्रेम वासना से...

टूटता सब तरह से
अपने ही नशे की दरारों में
अमृत कि विष पीने की
मुद्रा में

फिर मुद्राएँ तो सारी उसकी दी हुई हैं
जिन्हें नर्तकियों ने नाचा झ म म
जिनमें गायक-गायिकाओं ने रस घोले
उसकी भौंहों की तान से कम्पित
वीणा बजी
त न त न त...
और एक निःशब्द मुद्रा गृहणियों ने ओढ़ी
कि देखे को न देखे का सुने को न सुने का
अभिनय उसे पसन्द है

वह मूर्च्छित अपने ही राग धुन में...

लेकिन न्
कुछ नहीं...
अन्तर्द्वन्द्वों में आख़िर वह
कुछ नहीं चुन सका
न पूरी स्त्री देह न ख़ुद का
अखंड पौरुष

क्रोध और मोह के बीच
वह मरता
हाँ!

5

उसमें दम्भ था
कुरूपता की हद तक
कि वह पुरुष
दरिद्रता की हद तक
कि वह पुरुष
सारे ज्ञान की हद तक
कि वह पुरुष

क्या है कोई ख़ज़ाना
जो पुरुष से बड़ा

सूर्य ने कहा
नहीं
बादलों ने कहा
नहीं
पहाड़ों ने कहा
नहीं
समुद्र ने कहा
नहीं

फिर भी वह डरा रहा
दूसरे दूसरे पुरुष...
हर दूसरे पुरुष से
स्त्री को बीच में रखकर

उसे डर था...
जितना जमाने भर की स्त्रियों को
अपने सतीत्व को लेकर नहीं डर था

उतना उसे था
और उसे डर था
अपने पुरुष न होने का

पुरुष कुछ था नहीं उसमें
पुरुष प्रतीक था।

6

करता है ख़ून
करता है प्रार्थनाएँ
कि ख़ून को देती है अर्थ
प्रार्थना

यही तो बात है उसमें ख़ास
कि क्रूरता को वह दे सकता है अर्थ–
प्रेम

पुरानी कन्दराओं में वह खोजता है
खिला हुआ फूल
पकी हुई रोटी
अर्थ से हटा हुआ
शब्द
देखता है
देह नहीं मुद्रा
मुद्रा नहीं संकेत

नहीं
स्त्री की आँखों से कभी नहीं...
कभी नहीं उसकी आँखों से
उसने देखा ख़ुद को

असल में उसने ख़ुद का देखा जाना कभी पसन्द नहीं किया और उसे कोई छू दे और अचानक और कोई स्त्री और कुछ रहे न रहे उसका पुरुष उड़ जाता है।

साँप को साँप लिखता हूँ

पक्षियों को प्रतीक में
कैसे बदलें

कोई शब्द पक्षी है
कोई है स्त्री
कोई फल है
तो कोई साँप है

पक्षी को स्त्री में
स्त्री को फल में
और फल को साँप में
कैसे बदलें

एक झुरमुट-सा कुछ
रच सकता हूँ
यह का वह लिखने से
ऐसे बच सकता हूँ

कदाचित शामिल हो जाएँ
सब के सब–
पक्षी स्त्री फल और साँप
उस झुरमुट में

झुरमुट
जितना उलझा
उतना रिक्त है
रिजर्व बैंक के नोटों के समान
उलझा है और रिक्त है

सौ का नोट
कभी भरपेट भोजन की थाली है
कभी डारमेट्री की नींद...

रहता है कभी पेट भरा हुआ
होती है जगह कभी सोने के लिए मुफ्त
चल देता हूँ लेकर सौ का नोट
चकले की ओर...

सौ के इस नोट की आत्मा से
उधारी करके
कविता लिखता हूँ

पक्षी को पक्षी स्त्री को स्त्री
साँप को साँप लिखता हूँ।

कुछ जुमले

नींद
मेरी पसन्द की जगह है

शत्रुता का इतिहास बड़ा है
मित्रता के इतिहास से

ज्ञान उत्पन्न होता है
रहकर मूर्खों के बीच

विद्वान
दूसरी तरह से होता है मूर्ख

बुरा समय होता है
अच्छा करने के लिए सबसे अच्छा।

●●●